Mittelalterliche Kirchen und Kapellen
im Oldenburger Land

Wilhelm Gilly

Mittelalterliche Kirchen und Kapellen im Oldenburger Land

Baugeschichte und Bestandsaufnahme

ISENSEE VERLAG - OLDENBURG

Titelbild: Krypta der St.-Ulrich-Kirche in Rastede
Foto Gerhard Spruth, Oldenburg

Die Deutsche Bibliothek - CIP-Einheitsaufnahme

Gilly, Wilhelm:
Mittelalterliche Kirchen und Kapellen im Oldenburger Land :
Baugeschichte und Bestandsaufnahme / Wilhelm Gilly. -
Oldenburg : Isensee, 1992
    ISBN 3-89442-126-6

Vorwort

Die im Vorstand der Oldenburgischen Landesbrandkasse, während der Amtszeit der Herren Dr. Jap-Jürgen Jappen und Diplommathematiker Rolf Willers geborene Publikationsidee wird Herrn Rolf Willers verdankt. Sein Denkanstoß erfolgte nachgerade selbsttätig, denn sämtliche im Oldenburger Lande belegene sakrale Architekturkomplexe sind Versicherungsbestand der Oldenburgischen Landesbrandkasse.

Folglich verfügt die vorgenannte Gebäude-Feuerversicherungsanstalt über entsprechende Akten und Unterlagen. Diese können zeitlich-gereiht, begrifflich-eingegrenzt und sachbezogen-geordnet werden. Und so lag denn nichts näher, als daran zu denken, die Akten und Unterlagen unter Hinzuziehung einschlägigen Dokumentationsmaterials sowohl für die Oldenburgische Landesbrandkasse als auch für die oldenburgische Forschung nutzbar zu machen, wenngleich bereits im Vorhinein einsichtig wurde, daß nur ein Teilbestand zum Untersuchungsobjekt erhoben werden konnte. Diese sich bereits anfänglich aufdrängende Erkenntnis forderte Wahl, Auswahl, Begrenzung und Eingrenzung. Die Entscheidung fiel zugunsten jener Kirchen und Kapellen, die sich auszeichnen durch erhaltene mittelalterliche Bausubstanz.

Da der Verwaltungsrat der Oldenburgischen Landesbrandkasse dem geplanten Unternehmen zustimmte und die für den kirchlichen Bereich zuständigen Herren Bischöfe - Bischof Dr. Wilhelm Sievers und Weihbischof Dr. Max Freiherr v. Twickel - Photographier- und Publikationserlaubnis erteilten, begannen die Untersuchungen noch während der Amtszeit des ehemaligen Vorstandes der Oldenburgischen Landesbrandkasse. Nachdem Herr Dr. Jap-Jürgen Jappen in den Ruhestand verabschiedet worden war, Herr Diplommathematiker Rolf Willers die Nachfolge als Vorstandsvorsitzender angetreten hatte und Herr Diplommathematiker Franz Thole zum ordentlichen Vorstandsmitglied bestellt worden war, wurde das Publikationsunternehmen mit gleicher Intensität wie zuvor weiterbetrieben.

Es ist nur allzu verständlich, wenn sich der Verfasser spätestens jetzt gedrängt fühlt, den bereits genannten Persönlichkeiten und Gremien dafür zu danken, daß ihm die Behandlung eines der bedeutendsten Themen der Oldenburgischen Kunst- und Baugeschichte anvertraut wurde.

Solche Bekundung bliebe indessen unvollkommen, würde nicht auch der hilfreichen administrativen und technischen Unterstützung gedacht, die man dem Publikationsunternehmen angedeihen ließ: Der Abteilungsdirektor der Oldenburgischen Landesbrandkasse, Herr Gerhard Spruth, lieferte einen unverzichtbaren Beitrag; der Verleger, Herr Dieter Isensee, besorgte mit großem Geschick sowohl Druck und Satz als auch Layout und drucktechnische Bildauswahl; das Lektorat lag in Händen von Herrn Hans-Georg Volkhardt; die Herren Gerhard Spruth (44), Detlev Sieme (39), Alfred Panschar (3) und Walther Tempelmann (1) fertigten jene Originalaufnahmen, die in Form von Reproduktionsdrucken den vorgelegten Band „malerisch" bereichern.

Der Verfasser

Inhalt

8

9

Einleitung

Der Begriff „Oldenburger Land" ist sowohl landschaftlicher Ober- und Sammelbegriff als auch historisch-dimensionierter Territorial-begriff. Der landschaftliche Ober- und Sammelbegriff verbirgt zahlreiche, höchst eigenständige Einzellandschaften - z. B. Wangerland, Jeverland, Östringen, Rüstringen, Friesische Wehde, Neuenburger Urwald, Vareler Land, Butjadingen, Stadland, Landwürden, Wesermarsch, Stedingen, Moorriem, Wüstenland, Delmenhorster Geest, Hasbruch, Wildeshauser Geest, Ahlhorner Heide, Sager Heide, Vehnemoor oder Dammer Berge. Der historisch-dimensionierte Territorialbegriff meint zunächst zwar den ehemaligen Niedersächsischen Verwaltungsbezirk Oldenburg (1946/49-1978) und den ehemaligen Freistaat Oldenburg (1918/18-1934/46), richtet sich aber dann mit einiger Entschiedenheit auf das ehemalige Herzogtum Oldenburg (1774-1918), dessen Kerngebiet, nämlich die Grafschaft Oldenburg-Delmenhorst (1108-1918), im Verlaufe der historischen Entwicklung durch Angliederung - Jever (1575-1667; (1814) 1818) und Kniphausen (1592/1623; 1853/54) - und Eingliederung - Stedingen (1234), Varel (1388/1419), Stadland (1474/1519), Butjadingen (1474/1519), Wesermarsch (1526), Cloppenburg (1803), Vechta (1803), Wildeshausen (1803), Damme (1817), Goldenstedt (1817) oder Neuenkirchen (1817) - erweitert wurde.

Topisch- und ethnisch-bedingte Gegebenheiten erzwingen eine Dreiteilung des sich zwischen Bremen und Ostfriesland, zwischen Nordsee und Dümmer erstreckenden Oldenburger Landes. Das Teilungsergebnis lautet: Nord-, Mittel- und Südoldenburg. Wenngleich die Bezeichnungen „Nordoldenburg" und „Südoldenburg" durchaus üblich sind, so gilt es aber doch anzumerken, daß die letztgenannte Bezeichnung sehr häufig ersetzt zu werden pflegt durch den Namen „Oldenburger Münsterland", wohingegen die Bezeichnung „Mitteloldenburg" ungebräuchlich ist, weil in diesem Falle differenzierendere Landschaftsbezeichnungen wie z. B. Ammerland, Delmenhorster Geest oder Wildeshauser Geest bevorzugt werden. Die stärker oder schwächer ausgebuchteten Grenzlinien zwischen Nord-, Mittel- und Südoldenburg verlaufen bei großzügig-abstrahierender, zugleich aber ethnisch-dominierter Betrachtungsweise in Ost-West-Richtung:

Nordoldenburg mit seinen von Fluß- und Seemarschen geprägten Landschaften ist friesisches, Mitteloldenburg mit seiner vom Urstromtal der Hunte durchschnittenen Geestrand- und Heidelandschaft ist chaukisch-sächsisches und Südoldenburg mit seinen Heide-, Geest- und Moorlandschaften ist fälisch-sächsisches Siedlungsgebiet.

*

Der im Sinne des Untersuchungsgegenstandes nicht eben unwichtige Christianisierungsprozeß verlief im Oldenburger Land nicht nur uneinheitlich, sondern wurde auch mit unterschiedlicher Intensität - dies beweisen die Gründungsdaten der Kirchenanlagen - betrieben: Nordoldenburg wurde vornehmlich von Willehad von Northumberland, dem „Missionar des Nordens" und im Butjenter Blexen gestorbenen (786) ersten Bischof von Bremen missioniert, wobei nicht ganz auszuschließen ist, daß sowohl Bonifatius (= Winfried von Essex), der von den Friesen in der Nähe von Dokkum erschlagene (754) „Apostel der Deutschen" als auch Ludger († 809 zu Billerbeck bei Münster), der gebürtige Friese und erste Bischof von Münster, beteiligt waren. In Mitteloldenburg und Südoldenburg wurde das Evangelium gepredigt von Missionaren der Zelle Visbek (bis 855 zum Bistum Osnabrück, ab 855 zum Kloster Corvey).

*

Wie ersichtlich, wurden die Kapellen und Kirchen mit mittelalterlicher Bausubstanz, entsprechend ihren Standorten, namentlich und alphabetisch geordnet. Das gewählte Ordnungsprinzip gereicht zwar Übersichtlichkeit und müheloser Auffindung zum Vorteil, kann jedoch nicht darüber hinwegtäuschen, daß ein angemessen-chronologisches Verhalten mit Bedacht vermieden wurde, weil die behandelten Architekturkomplexe in überwältigender Vielzahl durch spätere An-, Aus- und Umbauten derartig verändert wurden, daß von chronologisch-historischer Zuordnung ebenso abgesehen werden mußte wie von kunstwissenschaftlich-stilistischer Einordnung. Als Ausgleich wird stattdessen ein auf das Mittelalter bezogener Zeit-Stil-Vergleich eingefügt, und dies mit dem Bemerken, daran denken zu wollen, daß Epochen und Stile nicht übergangslos einander folgen, sondern vielmehr langsam und in den Übergängen fließend zu wechseln pflegen.

12

Karolingerzeit:	etwa	750-936/62	= Karolingische Kunst
Ottonisch-sächsische Zeit:		936/62-1024	= Ottonische Kunst
Salisch-fränkische Zeit:		1024-1125/37	= Früh- und Hoch-romanische Kunst
Stauferzeit:		1125/37-1254	= Spätromanische Kunst und Frühgotik
Spätmittelalter I:		1254 - etwa 1350	= Hochgotik
Spätmittelalter II:	etwa	1350-1530	= Spätgotik und Deutsche Sondergotik

Wie dem Zeit-Stil-Vergleich eine Bemerkung vorausgeschickt wurde, so sei ihm eine Bemerkung an- und nachgefügt: In der bremisch-oldenburgischen Region bediente man sich während der Zeit vom ausgehenden 12. bis zum ausgehenden 13. Jahrhundert mit Vorliebe einer in den anderen deutschen Kunst- und Kulturlandschaften weitgehend ungebräuchlichen Wölbeform, nämlich des seine byzantinische Herkunft nicht verleugnenden aquitanischen Kuppelgewölbes, d. h. eines Gewölbes, das auch als Domikalgewölbe bezeichnet wird. Diese eigentümliche Wölbeform, die in der 2. Hälfte des bremisch-oldenburgischen 13. Jahrhunderts oftmals als hochgebustes Gewölbe in Erscheinung tritt, beherrschte ursprünglich, wenngleich das unmittelbar-benachbarte Angoumois einbezogen wurde, ausschließlich das aquitanisch-südwestfranzösische 11. und 12. Jahrhundert; wie und auf welche Weise sie nach Nordwestdeutschland vermittelt wurde, bleibt selbst dann fragwürdig, wenn der Aquitanien-Aufenthalt eines bremischen Bischofs als ursächliche Begründung angeführt wird. Überdies gilt es hinsichtlich der in Rede stehenden Wölbeform anzumerken, daß ihr nordwestdeutsches Erscheinungsbild sich nicht selten, um den Eindruck von entwicklungsgeschichtlich-fortschrittlicher Rippenwölbung zu erwecken, auszeichnet durch Wülste und Profilleisten, die sich der Biegung der Innenkalotte angleichen.

*

Nachdem erklärt worden ist, das oldenburgische 14. und 15. Jahrhundert habe im Sinne des allgemeinverbindlichen Zeitstils den Typus „Basilika" vernachlässigt, um den Typus „Hallenkirche" in westfälischer Version bevorzugen zu können, wende man sich einer bemerkenswerten nord- und mitteloldenburgischen Eigentümlichkeit zu, nämlich jener Eigentümlichkeit der freistehenden spätmittelalterlichen Glockentürme und Glockenhäuser wie auch der heute zumeist ebenfalls freistehenden, jedoch ehemals in die Begrenzungsmauern der Kirchhöfe (= Friedhöfe = Gräberfelder) eingestellten spätmittelalterlichen Tortürme und Torhäuser. Die vorgenannten Zusatzbauten argumentieren sowohl mit ursprünglich-einfacher als auch mit hinzugewonnen-doppelter Funktion, d. h. mancher Glockenturm ist zugleich Torturm, manches Glockenhaus ist zugleich Torhaus.

Als Begründung für die Verselbständigung der vorgenannten Zusatzbauten - soweit es sich um Glockentürme und Glockenhäuser handelt - wurde die bislang unwidersprochene Meinung geäußert, dafür sei der wenig tragfähige Baugrund verantwortlich zu machen. Diese Meinung vermag jedoch lediglich im Hinblick auf Nordoldenburg zu überzeugen; die Bodenverhältnisse auf den Kirchwarfen bereiteten in der Tat nicht allein jedweder mit schwerer Masse operierender Bautätigkeit unübersehbare Schwierigkeiten, sondern errichteten auch fast unüberwindbare Hindernisse, wenn es galt, Massivität mit Höhe und Glockenschwingung in jene Übereinstimmung zu bringen, deren es bedarf, soll die Statik des Gesamtkomplexes erhalten bleiben. Wird indessen versucht, diese „nordoldenburgische" These durch die mitteloldenburgisch-ammersche Parallelerscheinung zu stützen, so erweist sich alsbald deren Fragwürdigkeit: Im Ammerland ist der Baugrund nämlich durchaus gut zu nennen. Bemüht man sich trotz solcher Diskrepanz Gemeinsamkeiten zu finden, dann ergibt sich die Vermutung, nordoldenburgische bautechnisch-statische Zweckmäßigkeit sei in mitteloldenburgischen formal-ästhetischen Reichtum umgemünzt worden.

*

Abschließend sei die Anwendung unterschiedlicher Druckstärken begründet: Der durch Fettdruck hervorgehobene Text ist „mittelalterlich-bezogen", wohingegen der in Normalstärke erscheinende Text zwei von einander abweichende Aufgaben erfüllt, nämlich 1. eine erklärende und 2. eine neuzeitlich-bezogene Aufgabe. Dies bedeutet, daß der jeweils erste Abschnitt jenen Befund in fortlaufend-lesbarem Fettdruck hervorhebt, der bis auf die Gegenwart überkommene mittelalterliche Bausubstanz meint, während die in Klammern gesetzten, zumeist ebenfalls mittelalterlich-bezogenen näheren Angaben den eigentlich-erwarteten Fettdruck vermissen lassen, weil eben-diese Angaben lediglich erklärende Funktion wahrzunehmen haben. Der zweite Abschnitt bedient sich in seinem ersten Teil des Fett-drucks, in seinem zweiten Teil der Normalstärke; der erste fettge-druckte Teil nimmt sich der mittelalterlichen, der zweite, in Normal-stärke gedruckte Teil der nachmittelalterlichen-neuzeitlichen Bauge-schichte an. Um das soeben Dargelegte anders und vielleicht noch schärfer zu formulieren, sei es gestattet, abschließend anzumerken, daß der Fettdruck immer dann angewandt wird, wenn die eigentlich-gemeinte mittelalterliche Bausubstanz in Rede steht.

Der Verfasser

Rastede

Krypta

Rastede, Denkmalplatz

Vorbemerkung: Die ehemals ebenso als gottesdienstlicher Versammlungsort wie als Begräbnisstätte dienende „unterirdisch-verborgene", d. h. im Sinne frühchristlicher Katakomben angelegte Krypta wird in Ansehung ihrer gottesdienstlichen Funktion, nämlich als „Marienkapelle", im Jahre 1059 geweiht (: einstmals vorhandener Marienaltar vgl. Mechau). Der Wechsel von „Marienkapelle" zu „Annenkapelle" bereitet offensichtlich nach dem Konzil (431) von Ephesus keine unüberwindlichen Schwierigkeiten; dies belegt das früheste und wohl zugleich hochrangigste Beispiel, nämlich die über dem Geburtshaus der heiligen Anna in Jerusalem errichtete (5. Jahrhundert) Marienkirche, die bereits im 6. Jahrhundert in St.-Annen-Kirche umbenannt wird. Die Rasteder Umbenennung erfolgt (neuer St.-Annen-Altar?) nicht vor 1350, d. h., sie erfolgt erst zu jenem Zeitpunkt, da der Annenkult bereits das gesamte Abendland erfaßt hat und allenthalben die Vereinigungen der St.-Annen-Brüder (: St.-Annen-Bruderschaften erst im 17. Jahrhundert) gegründet worden sind.

Krypta (ursprünglich: **Marienkapelle,** dann ab ungefähr 1350: **St.-Annen-Kapelle;** unter Ostchor des Kirchengebäudes; einzig erhaltene frühromanische Krypta im oldenburgisch-friesischen Gebiet) **des 6. Jahrzehnts des 11. Jahrhunderts, d. i. dreischiffige, über quadratischem Grundriß angelegte Hallenkrypta mit von vier freistehenden Säulen** (Würfelkapitell, glatter Schaft, Basis (oberer Wulst, Kehle, unterer Wulst mit vier spornartigen (Blatt-)Vorlagen auf Plinthe); ihre Gesamtheit markiert die vier Eckpunkte des mittleren Raumabschnittes) **und vier Halbsäulen vor Pfeilern und acht Pilastern getragenen ursprünglichen Kreuzgratgewölben** (neun Wölbeabschnitte im Verhältnis 3 : 3 : 3) **so wie mit** (ehemals tonnengewölbtem (?) und apsidialen (?) **im 15. Jahrhundert** (Abtragung der Ostapsis des Kirchengebäudes) und in der 1. Hälfte des 18. Jahrhunderts (Formänderung) **umgestaltenen** (Verlust architektonischer Einzelglieder) **Ostschluß.**

Baugeschichte: Die Krypta ist zweifellos das älteste Bauglied der in den fünfziger Jahren des 11. Jahrhunderts erbauten Gesamtanlage. Der vermutete tonnengewölbte apsidiale Ostschluß weckt Erinnerung an die Wiperti-Krypta (um 930) der Heinrichskirche (Restbausubstanz in der Servatiuskirche) zu Quedlinburg. Wichtiger und entscheidender als solche Erinnerung ist jedoch die Gestaltung der eigentlichen, d. h. der Hallenkrypta: Formensprache und Raumgefühl lassen, wenngleich mit der gebotenen Zurückhaltung, an die Krypta (geweiht 1035) des Domes (Stiftung Konrads II.) zu Speyer und damit auch an eine immerhin mögliche Verbindung zu Benno von Osnabrück (Baumeister Heinrichs III. und Heinrichs IV.; tätig: Osnabrück, Corvey, Speyer (!), Hildesheim und Goslar) denken. Während der Zeit des 12. bis 14. Jahrhunderts dürften keine oder nur unwesentliche Veränderungen - der mutmaßlich in der 2. Hälfte des 14. Jahrhunderts erfolgende Namenswechsel hat wahrscheinlich keine bauliche Maßnahmen bewirkt - vorgenommen worden sein. Im 15. Jahrhundert sind dagegen bauliche Eingriffe infolge des Abtrags des apsidialen Ostschlusses und der Errichtung eines polygonal-schließenden Chores immerhin denkbar.

Als um 1530 die Krypta Grablege des gräflichen Hauses Oldenburg wird und die gemeindliche Zuständigkeit verlorengeht, erfolgen mutmaßlich keine Veränderungen. In der 1. Hälfte des 18. Jahrhunderts - spätestens 1744 - wird der Ostschluß erheblich verändert und erweitert, d. h., der mittelalterliche Zustand der Räumlichkeit wird empfindlich gestört. 1762/63 wird die Krypta in gemeindliche Obhut zurückgegeben. Verbesserungsarbeiten des 19. Jahrhunderts und der 1. Hälfte des 20. Jahrhunderts sind zwar nicht belegt, aber dennoch wahrscheinlich. Die im Jahre 1959 abgeschlossene restaurative Bautätigkeit, die sich vornehmlich auf das Kirchengebäude gerichtet hat, bewirkt Verlegung des Krypteneingangs und schmerzliche Substanzverluste.

Rastede, Denkmalplatz

Abbehausen

St. Laurentius

Nordenham, St.-Laurentius-Straße

Kirche mit einschiffigem (Holzbalkendecke, Portasandstein des 7. Jahrzehnts des 19. Jahrhunderts), flachgedeckten **Langhaus** (Porta-Sandstein; Backsteinverbesserungen; Backstein-Westwand; schiefergedecktes Satteldach) **des beginnenden 4. Viertels des 13. Jahrhunderts, mit ursprünglichem, eingezogenen,** flachgedeckten (Holzbalkendecke wie über Langhaus) und gerade-schließenden **Chor** (Porta-Sandstein; Backsteinverbesserungen; schiefergedecktes Satteldach) und mit Westturm (Backstein; schiefergedeckter Spitzhelm) des ausgehenden 2. Drittels des 19. Jahrhunderts

Baugeschichte: Die Kirche wird während der Jahre um 1270/80 in Form eines einschiffigen, wahrscheinlich im Dachstuhl offenen Portasandsteinbaues mit eingezogenem Chor und runder (Ost-)Apsis, jedoch ohne (West-)Turm errichtet. Gegen 1530 wird die Apsis abgetragen und der Chor durch Vermauerung der Ostwand geradegeschlossen. Mutmaßlich wird zu derselben Zeit eine erste flache Holzbalkendecke eingezogen, eine Holzbalkendecke, die sowohl Langhaus als auch Chor nach oben schließt.

Urkundliche Nachrichten, die der 2. Hälfte des 16., dem 17. und 18. Jahrhundert entstammen, liegen nicht vor. Im Jahre 1858 beginnt man, nachdem die flache Holzbalkendecke der Zeit um 1530 beseitigt worden ist, einsturzgefährdete Chor- und Langhauswandteile abzutragen. Die unmittelbar anschließende Wiederaufbautätigkeit richtet sich indessen nicht nur auf die vorgenannten Wandteile, sondern auch auf Fensteröffnungen, Neuverdachung und Einziehung einer neuen flachen Holzbalkendecke; die gleichzeitig einsetzende Neubautätigkeit nimmt sich dagegen ausschließlich der Errichtung (1861) des Westturmes an. Während der Nachfolgezeit, und zwar bis in die jüngste Vergangenheit, werden von Zeit zu Zeit unterschiedlich-wirksame Wiederherstellungsmaßnahmen ergriffen.

Nordenham, St.-Laurentius-Straße

Altenoythe

St. Vitus

Friesoythe-Altenoythe, Kirchstraße

Kirche mit einschiffigem, gewölbten (zwei Joch: Domikalgewölbe (W) der 2. Hälfte des 13. Jahrhunderts; ein Joch: Kreuzrippengewölbe des ausgehenden 14. Jahrhunderts) **Langhaus** (Granit; Backstein; Raseneisenstein; Stützmauerwerk an Nordseite; ziegelgedecktes Satteldach); Südportal-Vorbau (Backstein; ziegelgedecktes Satteldach des ausgehenden 19. Jahrhunderts) **der 2. Hälfte des 12. Jahrhunderts, mit ausgestelltem, das Langhaus überragende, ursprünglich-gewölbte** (sechsteiliges Rippengewölbe) **und polygonal-schließende** (drei Seiten eines Achtecks) (Ost-)**Chor** (Granit (Unterzone); Backstein; ziegelgedecktes Satteldach, mit Abwalmungen; Sakristei-Anbau an Nordseite (Backstein; ziegelgedecktes Schleppdach) des 8. Jahrzehnts des 20. Jahrhunderts) **des ausgehenden 15. Jahrhunderts und mit Westturm** (Granit; Backstein; schindelgedeckter Turmhelm) **des ausgehenden 12. Jahrhunderts**

Baugeschichte: Die Missionszelle Visbek veranlaßt in den Jahren um 830 die Gemeindegründung. Dies bedeutet, daß der Vorgängerbau während der Zeit zwischen ungefähr 830 und 855 (Übergabe an Kloster Corvey) errichtet worden ist. Diesen in Form einer (hölzernen?) Kapelle errichteten Vorgängerbau ersetzt ein zwischen 1150 und 1170/80 errichteter im Dachstuhl offener, einschiffiger Granitbau mit runder (Ost-)Apsis, nämlich jene Kirche, deren Langhaus, dem kurz vor 1200 ein Westturm angesetzt wird, bis in die unmittelbare Gegenwart, und zwar einschließlich Westturm, erhalten geblieben ist. Um das Jahr 1260 werden, nachdem die Langhauswände erhöht, die überkommenen Fensteröffnungen vermauert und neue Fensteröffnungen gebrochen worden sind, sowohl Langhaus (Domikalgewälbe) als auch Apsis (Nischengewölbe) eingewölbt. Gegen 1400 wird die Apsis abgetragen und das Langhaus nach Öffnung der Langhaus-Ostwand in Ausdehnung eines Joches nach Osten erweitert, wobei die bereits ursprünglich-gewölbte (Kreuzrippengewölbe) neuerrichtete Osterweiterung die Funktion eines integrierten Chores übernimmt. Im Jahre 1498 wird der in Rede stehenden, chorfunktion-innehabenden Osterweiterung nach Öffnung der bisherigen ostwärtigen Abschlußwand der bis heute erhalten gebliebene, ausgestellte, überhöhte, ursprünglich-gewölbte und polygonal-schließende Chor angesetzt. Wahrscheinlich wird in der Zeit zwischen 1500 und 1530 ein freistehendes Glocken- und Torhaus (vielleicht auch Glocken- und/oder Torturm?) errichtet.

22

Im Jahre 1660 werden Wiederherstellungs- und Verbesserungsarbeiten (Kriegsschadensbeseitigung?) in Angriff genommen, d. h. Arbeiten, die allein auf die Bauglieder der Kirche, nicht aber auf das (den)
freistehende(n) Glocken- und Torhaus(-turm) gerichtet sind; vorge-
nanntes Bauwerk wird wegen Baufälligkeit in den Jahren nach 1600
abgetragen und nicht ersetzt. Nachfolgende Bautätigkeit ist weder
für das ausgehende 17., noch für das gesamte 18. und fast das gesamte 19. Jahrhundert belegbar. Erst gegen 1890/1900 wird der
Südportal-Vorbau errichtet. In den Jahren zwischen 1973 und 1980
werden beachtiche, umfangreiche und mit zurückhaltender Neubautätigkeit verbundene Wiederherstellungsmaßnahmen, die sich
letztendlich aller Bauglieder annehmen, ergriffen.

Friesoythe-Altenoythe, Kirchstraße

Friesoythe-Altenoythe, Kirchstraße

Apen

St. Nikolaus

Apen, Hauptstraße

Kirche mit einschiffigem, gewölbte (drei Joch: Kreuzrippenge-wölbe des 3. Viertels des 14. Jahrhunderts) **Langhaus** (Granitfunda-ment; Backstein; Stützpfeiler; ziegelgedecktes Satteldach) **des 2. Viertels des 14. Jahrhunderts, mit leicht-eingezogenem, gerade-schließenden und ursprünglich-gewölbten** (Kreuzrippengewölbe) **Chor** (Backstein; Langhausdach-Verlängerung mit größerer Trauf-höhe) **des 2. Jahrzehnts des 15. Jahrhunderts und mit freiste-hendem Glocken- und Torhaus** (Backstein; ziegelgedecktes Sattel-dach; auf Firstmitte: Dachreiter (Metallkörper; kupferverkleidet; kupfergedeckter Spitzhelm) des beginnenden letzten Jahrzehnts des 20. Jahrhunderts, aber folgend dem Vorbilde des beginnenden 18. Jahrhunderts) **des ausgehenden 2. Jahrzehnts und des ausgehen-den 3. Viertels des 15. Jahrhunderts**

Baugeschichte: Der Vorgängerbau, bei dem es sich um eine Gra-nitkapelle handelt, wird kurz nach 1197 errichtet. Diesen Vor-gängerbau ersetzt der heutige, kurz vor 1339 erbaute, das Gra-nitmaterial des Vorgängerbaues als Fundamentierung verwen-dende, zunächst im Dachstuhl offene, dann jedoch seit ungefähr 1370 eingewölbte Backsteinbau mit runder (?) (Ost-)Apsis. Nach Apsisabtragung und Erweiterung der Apsisöffnung wird im Jahre 1417 der leicht-eingezogene, gerade-schließende und bereits ur-sprünglich-gewölbte Chor angesetzt. Gleichzeitig wird das Glocken- und Torhaus erbaut, wobei zu bemerken steht, daß die in sein Mauerwerk eingelassene skulpturierte Schriftleiste (Sandstein) des beginnenden 18. Jahrhunderts zwar als Errich-tungsjahr 1197 angibt, daß aber diese Angabe auf der Verwech-selung von Gemeindegründung mit Glocken-Torhaus-Errichtung beruht. Im Jahre 1474 wird das Glocken- und Torhaus entweder erheblich verbessert oder aber grunderneuert.

Verbesserungen des Glocken- und Torhauses erfolgen in den Jahren 1704 und 1705; sie gipfeln in seitlicher Öffnung des Untergeschos-ses (Bogenstellungen) und im Aufsetzen des Dachreiters. Um unge-fähr 1880/90 werden die Fensteröffnungen des Langhauses ver-größert. Im Jahre 1906 wird der einsturzgefährdete Westgiebel des Langhauses abgetragen und neuaufgemauert. Gleichzeitig werden die Portale von Langhausnordseite und -westseite umgestaltet. Die Wiederherstellungsarbeiten von 1961 nehmen sich vornehmlich der Neuverdachung an. Die Bautätigkeit von 1991 richtet sich auf das Glocken- und Torhaus: Mauerverbände werden stabilisiert und der Dachreiter wird grunderneuert.

Apen, Hauptstraße

Bad Zwischenahn

St. Johannes

Bad Zwischenahn, Am Brink

Kirche mit einschiffigem, gewölbten (zwei Joch: Domikalgewölbe der beginnenden 2. Hälfte des 13.Jahrhunderts) **Langhaus** (Feldstein; Granit; Backstein; ziegelgedecktes Satteldach; Südportalvorbau (Backstein; schiefergedecktes Pultdach hinter wimpergähnlicher Fassade mit zwei flankierenden achtseitigen Türmen unter schiefergedeckten Spitzhelmen) des beginnenden 20. Jahrhunderts) **des 2. Viertels des 12. und der beginnenden 2. Hälfte des 13. Jahrhunderts, mit integriertem, ursprünglich-gewölbten** (zwei Joch: Kreuzrippengewölbe) **und gerade-schließenden Chor** (Backstein; Langhausdachverlängerung; eine Chorstufe) **der 2. Hälfte des 14. Jahrhunderts,** mit runder (Ost-) Apsis (Backstein; kupfergedecktes niedriges Kegeldach) des ausgehenden 19. Jahrhunderts, **mit Westturm** (Granit-Unterzone; Backstein; ziegelgedecktes Satteldach mit Dachreiter (schieferverkleideter Sockel, Tambour, schiefergedeckter Spitzhelm) in den Formen des beginnenden 3. Drittels des 18. Jahrhunderts, aber grunderneuert im 8. Jahrzehnt des 20. Jahrhunderts) **des ausgehenden 12. und der 2. Hälfte des 13. Jahrhunderts und mit freistehendem Glocken- und Torhaus** (Reste von Granitmauerwerk; Backstein; ziegelgedecktes Satteldach) **des 3. Viertels des 15. Jahrhunderts**

Baugeschichte: Die Gemeindegründung erfolgt im Jahre 1124. Im Anschluß daran wird der wahrscheinlich im Dachstuhl offene und im Jahre 1134 geweihte Feldstein-Granit-Bau, d.h. ein Langhaus mit runder (Ost-) Apsis begonnen. Um 1200 wird der Langhauswestwand ein (Granit-)Turm angefügt. In den Jahren um 1250/60 werden Turm und Langhauswände mittels Backsteinmauerwerks erhöht und neuverdacht, wobei das Langhaus mit drei (!) Domikalgewölben nach oben geschlossen wird. Gegen 1360 werden Langhausostteil (in Ausdehnung des 3. Jochs) und Apsis abgetragen, und man beginnt mit der Errichtung jener bereits ursprünglich-gewölbten (zwei Joch: Kreuzrippengewölbe) und gerade-schließenden Osterweiterung, die den Charakter eines integrierten Chores trägt. Im Jahre 1469 wird das freistehende Glocken- und Torhaus erbaut. Weitere Bautätigkeit ist weder für die Zeit des ausgehenden 15. Jahrhunderts noch für die ersten drei Jahrzehnte des 18. Jahrhunderts belegt.

Das Glocken- und Torhaus von 1499 muß bereits im Verlaufe des 16. Jahrhunderts verbessert werden; dabei bedient man sich, und dies ist nachgerade selbstverständlich, jener Formen, die der Zeitstil bevorzugt. Die hier gemeinte Zwischenahner Kirchenbaugeschichte

des 17. Jahrhunderts - in diesem Jahrhundert tobt der Dreißigjährige Krieg, der das Ammerland zwar weitgehend verschont, aber
dennoch unverkennbar-negative Spuren hinsichtlich der Baupflege
hinterläßt - kann ebenso wenig wie jene der drei ersten Jahrzehnte
des 18. Jahrhunderts mit Sicherheit belegt werden. Erst im 4. Jahrzehnt des dänisch-oldenburgischen 18. Jahrhunderts liegt wieder
eine verbindliche Angabe vor: Im Jahre 1736 setzt man dem First
des Westturmdaches einen Dachreiter auf, einen Dachreiter, der
zwar die Firstmitte meint, aber dennoch nach Osten verschoben ist.
Im nächsten Jahrzehnt, im Jahre 1745 - in diesem Jahre nähert
sich der Oldenburger Schlußum- und -ausbau seinem Ende (1746) -
werden umfangreiche, indessen nicht näher gekennzeichnete Baumaßnahmen verbessernder Natur ergriffen. Während der nachfolgenden, ungefähr 150 Jahre andauernden Zeitspanne versinkt die
Zwischenahner Kirchenbaugeschichte wegen bislang fehlender Dokumentation im Dunkel, und dies, obschon im Gegensatz zur Baugeschichte des 17. Jahrhunderts durchaus anzunehmen wäre, die
in Rede stehende Zeitspanne sei im Hinblick auf bauliche Eingriffe
nicht eben untätig geblieben. Das Dunkel über der Kirchenbaugeschichte hellt sich erst wieder auf im 9. Jahrzehnt des 19. Jahrhunderts: Im Jahre 1888 wird die seit ungefähr 1360 fehlende (Ost-)Ap-
sis als historisierender Baukörper - nach entsprechender Öffnung
der Langhausostwand - dem Kirchengebäude an- und hinzugefügt.
Der neogotische Portalbau, der dem überkommenen Südportal des
Langhauses vorgesetzt wird, hat zwar als Ergebnis jener stilistischen
Vorstellungen zu gelten, deren Ursprung im 19. Jahrhundert ge-
sucht werden muß, aber dennoch ist ebendieser Portalvorbau, da er
im Jahre 1906 errichtet wird, bereits dem 20. Jahrhundert zuzuwei-
sen, nämlich dem Jahrhundert, in dem die in Rede stehende Kirchenbaugeschichte eigentlich wider Erwarten ebenfalls erhebliche
Dokumentationslücken aufweist. Solcherart Dokumentationslücken
können erst im Jahre 1974, d. h. also ungefähr 30 Jahre nach dem
Ende des Zweiten Weltkrieges, geschlossen werden und zwar dann,
als umfangreiche, sich nicht zuletzt auch der Innenräumlichkeit an-
nehmende und über mehrere Jahre andauernde Wiederherstellungsarbeiten begonnen werden. Ein im Jahre 1985 ausbrechender
Schwelbrand zieht zwar Kirchenraum, Altar und Orgel in Mitleidenschaft, schädigt aber die Bausubstanz ebenso wenig wie ein im
Jahre 1987 einschlagender Blitz.

Bad Zwischenahn, Am Brink

Bad Zwischenahn, Am Brink

Bardewisch

Heiligkreuz

Lemwerder-Bardewisch, Barschlüter Straße

Ursprünglich-gewölbte (drei Travéen: Kreuzrippengewölbe; geringfügig-erhöhte Mittelabschnitte = Pseudohalle) **Hallenkirche** (Backstein; Stützpfeiler; drei ziegelgedeckte Satteldächer in Ost-West-Richtung) **der 1. Hälfte des 14. Jahrhunderts mit ursprünglichem, eingezogenen** (: in Mittelschiffsbreite), **ursprünglich-gewölbten** (zwei Wölbeabschnitte und sechsteiliges Schluß-Rippengewölbe) **und polygonal-schließenden** (drei Seiten eines Achtecks) **Chor** (Backstein; Stützpfeiler; Hauptdach-Verlängerung mit Abwalmungen; eine Chorstufe) **wie auch mit ursprünglichem Westturm** (Backstein; ziegelgedecktes Turmdach)

Baugeschichte: Der Vorgängerbau ist vermutlich eine Tuff- oder Portasandsteinkirche. Dieser Vorgängerbau wird um das Jahr 1245 errichtet, und zwar mutmaßlich als im Dachstuhl offene Kirche ohne Westturm. Zwar beabsichtigt man in den Jahren um 1265, sowohl einen Westturm anzusetzen als auch den Kultraum einzuwölben, aber aus unbekannten Gründen wird von der Verwirklichung des geplanten Vorhabens abgesehen. In den Jahren zwischen 1300 und 1350 trägt man den Vorgängerbau ab, um damit beginnen zu können, die bis in die unmittelbare Gegenwart erhalten gebliebene, westfälisch-beeinflußte Hallenkirche zu errichten.

Während der neuzeitlichen Nachfolge-Epochen, besonders in jüngster Vergangenheit, werden unterschiedlich-umfangreiche Verbesserungs- und unterschiedlich-wirksame Wiederherstellungsmaßnahmen ergriffen.

Lemwerder-Bardewisch, Barschlüter Straße

Berne

St. Aegidius

Berne, Am Kirchhof

Gewölbte (drei Travéen: Kreuzrippengewölbe des 4. Viertels des 16. Jahrhunderts; Kreuzpfeiler mit vorgelegten und eingestellten Runddiensten des 2. Drittels des 13. Jahrhunderts) **Hallenkirche** (Portasandstein; Backsteinverbesserungen; Backsteingiebel; Stützpfeiler an Hallensüdseite; drei ziegelgedeckte Satteldächer in Nord-Süd-Richtung mit drei mal zwei Giebeln) **des 2. und 3. Viertels des 13. Jahrhunderts unter Einbeziehung von Bausubstanz, die der Mitte des 12. Jahrhunderts entstammt, mit** gewölbtem (Kreuzrippengewölbe des 4. Viertels des 16. Jahrhunderts), gegenüber Mittelabschnittsbreite: leicht-ausgestelltem **Chor**(-quadrat) (Porta-Sandstein; Backsteinverbesserungen; ziegelgedecktes Satteldach; eine Chorstufe) **des 4. Viertels des 13. Jahrhunderts nebst** gewölbtem (Kreuzrippengewölbe des 4. Viertels des 16. Jahrhunderts), **polygonalem** (drei Seiten eines Achtecks) **Chorabschluß** (Portasandstein; Backstein; ziegelgedeckte Abwalmungen) **der Mitte des 15. Jahrhunderts,** mit zwei querrechteckigen, ostwärts schließenden, hallenhohen apsidialen Räumen (Portasandstein; Backstein; ziegelgedeckte Dächer mit Ostgiebeln) des 4. Viertels des 16. Jahrhunderts, mit Grabkammer (unter Mittelgang) des 1. Viertels des 17. Jahrhunderts **und mit Westturm** (Portasandstein; Backstein; kupfergedeckter Spitzhelm (17. Jahrhundert); scheinbar nach Norden verschoben, in Wahrheit jedoch am angestammten Platz) **des 12., 13. und 15. Jahrhunderts**

Baugeschichte: Der Vorgängerbau I in Form einer Holz- oder (Feld-)Steinkapelle wird im Jahre 1057 geweiht. Dieser Vorgängerbau I weicht dem zwischen 1146 und 1160 errichteten Vorgängerbau II, einer einschiffigen, wahrscheinlich im Dachstuhl offenen Portasandsteinkirche mit runder (?) (Ost-)Apsis und Westturm. Während der Zeit kurz nach 1234 werden Langhaus und Apsis des Vorgängerbaues II abgetragen, um zu ewigem Gedenken an die Schlacht bei Altenesch eine Hallenkirche erbauen zu können: Man beginnt mit der Abtragung der Langhaussüdwand, mauert sie jedoch in größerem Abstand von der Langhausnordwand wieder auf. Dann werden die Langhausost- und -westwand durch Verlängerung zum Geviert ergänzt, wobei gleichzeitig die Apsis einem bereits ursprünglich-gewölbten Choransatz - es ist das heutige Chorquadrat - weicht. Nachdem überdies die überkommenen Langhaus-Wandteile auf dieselbe Höhe wie die neuen Wände gebracht worden sind, wird der neu-entstandene Raum unter Zuhilfenahme einer eingestellten Pfeilerdoppelreihe (mit entsprechenden Diensten) mit drei Travéen (Kreuzrippenge-

wölbe) nach oben im Sinne einer Hallenkirche geschlossen; diese Wölbetätigkeit - sie erfolgt gegen 1260/70 - bezeichnet das Ende der Umgestaltung. Während der Zeit um 1450 wird der gewölbte - bis dahin gerad-schließende (?) - Chor mit bereits ursprünglich-gewölbtem polygonalen Schluß versehen. Außerdem erhöht man zu eben derselben Zeit den Westturm, sowohl durch Aufmauerung als auch durch Aufsetzen eines zeitgemäßen, die niedrige Helmverdachung ablösenden Spitzhelms.

Im Jahre 1525 wird der Westturm - durch Kriegseinwirkung (?) - teilzerstört; seine Wiederherstellung hat im Jahre 1540 als abgeschlossen zu gelten. Um 1570/80 stürzen einige Gewölbe ein. Als die Abtragung der Gewölbe beginnt, stellt sich heraus, daß selbst die erhalten gebliebenen Wölbeabschnitte einsturzgefährdet sind, man muß sich entschließen, die gesamte Wölbezone abzutragen. Nachdem dies geschehen ist, wird neu eingewölbt. Gleichzeitig mit der Neuwölbung werden die nach Osten schließenden, chorflankierenden, querrechteckigen apsidialen Räume der Halle hinzugefügt. Im Jahre 1620 beginnt der Ausbau der Grabkammern unter dem sog. Mittelgang. Sturmböen zerstören den Turmhelm im Jahre 1625; die niederbrechenden Dachmassen ziehen auch die oberen Turmgeschosse in Mitleidenschaft. Die Erneuerungs- und Wiederherstellungsarbeiten von Turmhelm und Turmobergeschossen können erst im Jahre 1640 beendet werden, d. h. sie werden so spät beendet, daß zu vermuten steht, es seien nicht zuletzt auch auf die - ebenfalls beschädigte ? - Gewölbezone gerichtete Arbeiten ausgeführt worden. Für das Jahr 1727 sind - zumindest im Innenraum - Verbesserungen belegt. Im Jahre 1934 wird das dem 13. Jahrhundert entstammende, wahrscheinlich im 15. Jahrhundert vermauerte West-(Turm-)Portal freigelegt. Das Schieferdach des Westturmes ersetzt im Jahre 1940 ein Kupferdach. In den Jahren zwischen 1958 und 1960 werden sämtliche Dächer- bis auf den Spitzhelm des Westturmes, der erst im Jahre 1968 mit Ziegeln neu eingedeckt wird - erneuert. Wiederherstellungs- und Stabilisierungsmaßnahmen werden 1969/70 ergriffen.

Berne, Am Kirchhof

Berne, Am Kirchhof

Blexen

St. Hippolyt

Nordenham, Deichstraße

Kirche mit einschiffigem, flachgedeckten (Holzbalkendecke des 16. Jahrhunderts) **Langhaus** (Portasandstein; Tuffstein; Backsteinverbesserungen; ziegelgedecktes Satteldach) **des beginnenden 13. Jahrhunderts, mit eingezogenem,** gewölbten (zwei Joch: Kreuzrippengewölbe der beginnenden 2. Hälfte des 16. Jahrhunderts) **und gerade-schließenden Chor** (Portasandstein; Tuffstein; Backsteinverbesserungen; ziegelgedecktes Satteldach) **des 14. Jahrhunderts, mit Westturm** (Granit; Portasandstein; Backstein; schiefergedeckter Spitzhelm des 16. Jahrhunderts) **der Mitte des 13., aber auch des 14.** und 16. Jahrhunderts und mit Torhaus (Backstein; ziegelgedecktes Satteldach) des beginnenden 18. Jahrhunderts

Baugeschichte: Der Vorgängerbau I - vermutlich eine hölzerne Kapelle - wird zwischen 789 und 814 errichtet. Er weicht dem in den Jahren um 1058 errichteten Vorgängerbau II, der indessen gegen 1100 durch Brand völlig zerstört wird. Ein neues Gotteshaus wird erst während der Zeit von 1195 bis 1220 - und hier handelt es sich um die gegenwärtig erscheinende Kirche - errichtet, wobei indessen angemerkt werden muß, daß die gemeinte Kirche zur Entstehungszeit aus einschiffigem Langhaus mit Chor und Apsis besteht. Der Westturm wird der Anlage gegen 1250 hinzugefügt. Im Verlaufe des 14. Jahrhunderts wird die Apsis abgetragen; nunmehr schließt der Chor, da die Apsisöffnung vermauert wird, gerade. Zu eben derselben Zeit, d. h. noch im 14. Jahrhundert, wird der Westturm - ihm wird nachfolgend statt des überkommenen Helmdachs ein zeitgemäßer Spitzhelm aufgesetzt - mit Backsteinmauerwerk erhöht. Obgleich mit einiger Berechtigung angenommen werden darf, daß während der Zeit des ausgehenden Mittelalters, d. h. während des 15. Jahrhunderts und der ersten drei Jahrzehnte des 16. Jahrhunderts, bausubstanz-erhaltende und -verbessernde Eingriffe vorgenommen worden sind, fehlen jedoch diesbezügliche Angaben.

Die seit dem ausgehenden Mittelalter als Festung dienende Kirchenanlage wird um das Jahr 1540 zwar teilzerstört, jedoch sofort wiederaufgebaut. Mit dem Wiederaufbau verbunden ist die nochmalige Erhöhung des wiederum spitzhelmverdachten Westturmes. Kaum ist die Kirche wiederaufgebaut und der Westturm erhöht worden, da erfolgen auch schon die nächsten Eingriffe: Kurz nach 1551 wird das sog. Grab des Hippolyt (St. Hippolytus, 2./3. nachchristliches Jahrhundert; Gegenpapst zu Calixtus I.; gestorben als Märtyrer auf Sardinien; Auffindung seiner griechisch-abgefaßten Schriften im Jahre 1551 zu Rom) als innenarchitektonisches Versatzstück gestaltet, eine flache Holzbalkendecke über dem Langhaus eingezogen und der Chor eingewölbt. Mit diesen Aktivitäten enden die schriftlichen Belege des 16. Jahrhunderts. Erst im 4. Jahrzehnt des 17. Jahrhunderts wird die Baugeschichte wieder schriftlich dokumentiert. Im Jahre 1631 stürzt der Westturm ein, wobei bemerkt werden muß, daß dieser Westturmeinsturz wohl kaum als Folge von Kriegseinwirkung - dies legt das Datum nahe - gesehen werden kann, sondern viel eher als Folgeerscheinung der statisch-inkorrekten Aufstockung der Zeit um kurz nach 1540. Der Wiederaufbau des Westturmes - er erhält wiederum eine Spitzhelmverdachung - dürfte erst gegen 1650 beendet worden sein, wobei das Datum den Verdacht nahelegt, es sei erst nach dem Westfälischen Frieden (1648) ernsthaft an Wiedererrichtung gedacht worden. Das Torhaus wird im Jahre 1711 erbaut. Diese Angabe bleibt, obschon zu vermuten steht, daß in der 2. Hälfte des 18. Jahrhunderts die Kirchenanlage ihren Festungscharakter verliert, für die nächsten 170 Jahre das einzige verbindliche Zeugnis zur Baugeschichte; erst in der 2. Hälfte des 19. Jahrhunderts kann wieder auf verläßliche Angaben zurückgegriffen werden: Im Jahre 1880 sieht man sich gezwungen, die Langhaussüdwand abzutragen und wiederaufzuführen, die Chorostwand durch vorgesetztes Mauerwerk zu stabilisieren und die Umgestaltungen des Nordportals in Angriff zu nehmen. Wer indessen anzunehmen geneigt wäre, die Baugeschichte könne nunmehr auf Kontinuität verheißende Angaben zurückgreifen, der sieht sich getäuscht; erst im 7. Jahrzehnt des 20. Jahrhunderts lassen sich wieder Daten nennen: Im Jahre 1963 beginnen umfangreiche Erhaltungs-, Wiederherstellungs- und Verbesserungsarbeiten, jene Arbeiten, die sich fast bis zur im Jahre 1979 erfolgten Gestaltung des (Turm-)Westportals hinziehen sollten.

Nordenham, Deichstraße

Nordenham, Deichstraße

Bockhorn

St. Cosmas und St. Damian

Bockhorn, Grabsteder Straße

Kirche mit einschiffigem, flachgedeckten (Holzbalkendecke des beginnenden 4. Viertels des 18. Jahrhunderts) und gerade-schließenden **Langhaus** (Granit; Backsteinverbesserungen; schiefergedecktes, nur in der Nordwestzone ziegelgedecktes Satteldach; auf ostwärtigem First: Dachreiter (schieferverkleidet; schiefergedeckter Spitzhelm; erneuert: 20. Jahrhundert) in Formen des 18. Jahrhunderts); auf First hinter Westgiebel: Dachreiter (Uhr; Uhrglocke; schiefergedeckte Zwiebelkuppel des 19. Jahrhunderts) **des 1. Viertels des 13. Jahrhunderts und mit freistehendem Glockenhaus** (Backstein; ziegelgedecktes Walmdach) **der Mitte des 14. Jahrhunderts**, aber auch von der Wende des 16. Jahrhunderts zum 17. Jahrhundert

Baugeschichte: Der sich ursprünglich aus den Baugliedern: (im Dachstuhl offenes) Langhaus und (runde Ost-)Apsis, zusammenfügende Granitbau wird in den Jahren um 1220 errichtet. Das Langhaus wird gegen 1260/70 mit vier Domikalgewölben nach oben geschlossen und die Apsis mit einem Nischengewölbe versehen. In der Zeit um 1300 wird die Langhauswand im Südosten derartig geöffnet, daß ein nach Süden gerichteter, bereits ursprünglich-gewölbter (Kreuzrippengewölbe) flügelähnlicher (Kapellen-)Bau angesetzt werden kann. Im Jahre 1344 sieht man sich gezwungen, nicht nur die vier Gewölbe über dem Langhaus wegen Einsturzgefahr, sondern auch Apsis und flügelähnlichen (Kapellen-)Ansatz (nach Brand? nach Naturkatastrophe? nach Kriegseinwirkung?) abzutragen, und dies, obschon der entstandene Verlust lediglich dadurch ausgeglichen wird, daß kurz nach 1344 ein freistehendes Glocken- und Torhaus - die Doppelfunktion steht zunächst außer Frage - erbaut wird. „1344" ist das letzte Datum, an dem die mittelalterliche Baugeschichte sich mit Sicherheit orientieren kann, d. h.: zweite Hälfte des 14. Jahrhunderts, gesamtes 15. Jahrhundert und Zeit der ersten drei Jahrzehnte des 16. Jahrhunderts lassen schriftliche Belege bislang vermissen.

Die soeben getroffene Feststellung trifft auch zu auf die nachfolgende Zeit, die Jahre zwischen ungefähr 1530 und 1600; erst um 1600 gibt es wieder den ersten Beleg schriftlicher Natur: zur Zeit der Wende des 16. Jahrhunderts zum 17. Jahrhundert wird das Glocken- und Torhaus abgetragen und - unter Verlust seiner Torhausfunktion und Funktionsgewinn als Leichenkammer (?) in zeitgemäßer Formgebung wiederaufgemauert. Bis zur nächsten verbindlichen Angabe vergeht ein Zeitraum von ungefähr 170 Jahren, und dies wohl nicht zuletzt deswegen, weil jene Voraussetzungen, die Erhaltungs- und Verbesserungsarbeiten erlauben, als nicht gegeben zu betrachten sind: Der Dreißigjährige Krieg und die nachfolgende Finanzmisere erschöpft die Kraft des 17. Jahrhunderts, und die nicht gerade kirchenfreundliche Geisteshaltung des aufklärerischen und vernünftelnden 18. Jahrhunderts beharrt auf Gegenpositionen - es sei denn, man geriete in eine gewisse Zwangslage wie im vorliegenden Falle, als im Jahre 1768 ein durch Blitzschlag ausgelöster Brand im ostwärtigen Langhausbereich unvergleichlichen Schaden anrichtet. Der angerichtete Schaden ist so beträchtlich, daß man nicht umhin kann, ihn ebenso schnell wie gründlich zu bereinigen, d. h. nicht allein in der Bausubstanz zugefügten Schäden sind zu bereinigen, sondern man sieht sich auch gezwungen, über dem Langhau eine - erste oder zweite? - flache Holzbalkendecke einzuziehen, das Langhaus neu zu verdachen und dem ostwärtigen First des neuen Langhausdaches einen Dachreiter aufzusetzen. Nach weiteren, ebenfall ohne schriftliche Zeugnisse bleibenden ungefähr 100 Jahren werden in der 2. Hälfte des 19. Jahrhunderts recht beachtliche historisierend-verbessernde Leistungen erbracht: Neuverdachung, Verbesserung des dem 18. Jahrhundert entstammenden Dachreiters und Aufsetzen eines zweiten Uhr-Dachreiters unmittelbar hinter dem Langhauswestgiebel. Das 20. Jahrhundert befleißigt sich ähnlich-gearteter Unternehmungen wie die 2. Hälfte des 19. Jahrhunderts: Sowohl in älterer als auch in jüngerer Vergangenheit ist die Bausubstanz der gesamten Kirchenanlage einschließlich der strukturierenden Teile erheblich - dies verdeutlichen besonders Langhauswestfassade wie Glockenturmummantelung und -obergeschoßaufmauerung - verbessert worden.

Bockhorn, Grabsteder Straße

Bockhorn, Grabsteder Straße

Bokelesch
St. Antonius - ehemalige Johanniterkapelle
Saterland-Strücklingen, Johanniterstraße

Flachgedeckte (Holzbalkendecke des 8. Jahrzehnts des 17. Jahrhunderts, jedoch mit erneuerter [6. Jahrzehnt des 20. Jahrhunderts] Dielung) **Kapelle** (Backstein; Kapellenwestwand mit Stützpfeilern an Außenecken; Stützmauerwerk in Mitte der Kapellenwestwand; ziegelgedecktes Satteldach; Sakristei-Anbau (Backstein); an ostwärtiger Nordseite) des 6. Jahrzehnts des 20. Jahrhunderts) **des ausgehenden 2. Jahrzehnts des 14. Jahrhunderts mit bereits ursprünglich-gewölbtem** (sechsteiliges Rippengewölbe) **polygonalen** (drei Seiten eines Achtecks) (Chor-)**Schluß** aus (Backstein; ziegelgedeckte Abwalmungen; zwei Chorstufen) **des 15. Jahrhunderts**

Baugeschichte: Im Jahre 1319 wird die ursprünglich geradeschließende Kapelle als Bethaus der Johanniterkommende errichtet. Im Laufe des 15. Jahrhunderts schließt man den bis dahin im Dachstuhl offenen Kapellenraum mit einer flachen Holzdecke, und zwar nicht zuletzt deswegen, weil zu eben derselben Zeit der bis in die unmittelbare Gegenwart überkommene, bereits ursprünglich-gewölbte polygonale (Chor-)Schluß angesetzt wird.

Im Dreißigjährigen Kriege wird die Kapelle teilzerstört; die Wiederherstellung erfolgt im Jahre 1677. Zwischen 1830 und 1900 wird die Anlage verbessert. In den Endfünfzigerjahren des 20. Jahrhunderts werden sowohl Wiederherstellungs- als auch Neubaumaßnahmen ergriffen.

Saterland-Strücklingen, Johanniterstraße

Cleverns

St. Petrus - Heiligkreuz

Jever-Cleverns, Dorfstraße

Kirche mit einschiffigem, flachgedeckten (Holzbalkendecke der 2. Hälfte des 16. Jahrhunderts) **Langhaus** (Granitfundament; Granitunterzone; Backstein; ziegelgedecktes Satteldach) **des ausgehenden 12. oder des beginnenden 13. Jahrhunderts, mit** lediglich im Inneren durch eingestellten **Lettner** (Backstein; drei Korbbogenöffnungen) **des ausgehenden 15. oder beginnenden 16. Jahrhunderts** ausgewiesenem Chorraum, **mit ursprünglicher,** flachgedeckter (Holzbalkendecke wie über Langhaus) runder (Ost-)-**Apsis** (Granitfundament; niedriger Granitsockel; Backstein; prismenartige, durch Schuppenring zweigeteilte Zone (3. Viertel des 14. Jahrhunderts, aber auch: beginnendes 18. Jahrhundert) über den Fensteröffnungen; ziegelgedecktes Kegeldach: gleichhoch wie Langhausdach, aber mit höherer Trauflinie) und mit freistehendem Glockenturm (Granitfundament (?); Reste von Granitmauerwerk; Backstein; ziegelgedecktes, sich bereits der Form eines Turmdaches näherndes Walmdach) **des ausgehenden 15. oder beginnenden 16. Jahrhunderts**

Baugeschichte: In den Jahren um 1200 wird ein Granitbau, ein Langhaus mit runder (Ost-) Apsis, errichtet. Da während der Zeit um 1372 die Absicht besteht, Langhaus und Apsis einzuwölben, werden die Mauerverbände von Langhaus und Apsis nicht nur verstärkt, sondern auch erhöht; dabei bedient man sich vornehmlich des Backsteins. Die beabsichtigte Einwölbung unterbleibt jedoch, und zwar mutmaßlich nicht zuletzt deswegen, weil das einsturzgefährdete Apsismauerwerk abgetragen und wiederaufgemauert werden muß. Der freistehende Glockenturm wird um das Jahr 1500 erbaut.

In der Zeit zwischen 1550 und 1600 wird eine - erste? - flache Holzbalkendecke über Langhaus und Apsis eingezogen. Im Jahre 1702 werden Verbesserungen - vornehmlich mit Material, welches der Apsis-Abbruchmasse der Kirche zu Sande entstammt - vorgenommen; sie richten sich ebenso auf Langhaus wie auf Apsis. Umfangreiche Erhaltungs- und Wiederherstellungsmaßnahmen werden im Jahre 1987 ergriffen.

Jever-Cleverns, Dorfstraße

Damme
St. Victor

Damme, Kirchplatz

Westturm (Granit; Bruchstein; Sandstein; Westportal (= Stufenportal mit eingestellten Säulen); Innenraum des Untergeschosses: Taufkapelle; Gedenkstätte; Südportal (Durchlaßöffnung zwischen Turm und heutiger Kirche); Netzgewölbe des 1. Jahrzehnts des 20. Jahrhunderts; kupfergedeckte Haube (mit hölzernem Tambour unter kupfergedeckter Zwiebelhaube) des ausgehenden 17. Jahrhunderts) **der Mitte des 13. Jahrhunderts** (unterer Teilbereich) **und des ausgehenden 13. oder beginnenden 14. Jahrhunderts** (oberer Teilbereich bis zur Haube). Eingliederung in Gesamtanlage (1. Jahrzehnt des 20. Jahrhunderts) durch Einstellen hinter Nordturm der westlichen Zweiturmfassade des Neubaues; sichtbares mittelalterliches Untergeschoßmauerwerk (Südseite) im nordwestlichen Innenbereich der Halle

Baugeschichte: In den Jahren um 1250 wird ein einschiffiger, wahrscheinlich im Dachstuhl offener Granitbau mit Langhaus, Apsis und Westturm errichtet. Kurz vor oder kurz nach 1300 werden Langhaus und Westturm erhöht. Die Erhöhung könnte auf Einwölbung hindeuten. Gegen 1435 werden Langhaus und Apsis abgetragen, während der Westturm in überkommener Form erhalten bleibt, weil er zum Westturm eines Neubaues werden soll. Dieser Neubau - es ist eine dreischiffige Hallenkirche (drei Travéen: vier- und achtteilige Kreuzrippengewölbe) mit in Mittelschiffsbreite eingezogenem, polygonal-schließenden Chor - wird im Jahre 1435 geweiht. Im Jahre 1501 muß der Chor - wegen Einsturzgefahr ? - zwar abgetragen werden, wird indessen sofort wieder aufgemauert oder aber neuerbaut.

Im Jahre 1693 äschert ein Brand sämtliche Dachzonen ein; überdies zieht er etliche obere Mauerverbände in Mitleidenschaft. Die Brandschäden werden alsbald behoben. Die Schadensbehebung findet ihren Abschluß im Aufsetzen der Turmhaube. Da die Chorgewölbe zwischen 1850 und 1900 einstürzen, wird der Chor nunmehr mit einer flachen Holzbalkendecke nach oben geschlossen. Im Jahre 1904 beschließt man die Abtragung der Gesamtanlage - lediglich der Westturm wird ausgenommen - zugunsten einer neuzuerrichtenden Hallenkirche mit saalartig-weitem Mittelschiff und Zweiturmfassade. Der Neubau der heutigen Hallenkirche, deren nördliche Seitenbegrenzung mit der südlichen Seitenbegrenzung der mittelalterlichen Kirchenanlage fast identisch ist, erfolgt in den Jahren 1906 und 1907, wobei im Hinblick auf den Westturm zu bemerken steht, daß die Neubautätigkeit des beginnenden 20. Jahrhunderts von Erhaltungs- und Wiederherstellungsarbeiten begleitet wird.

Damme, Kirchplatz

Dedesdorf

St. Laurentius

Loxstedt-Dedesdorf, Delfter Weg

Kirche mit einschiffigem, flachgedeckten (Holzbalkendecke der ausgehenden 1. Hälfte des 19. Jahrhunderts) **Langhaus** (Backstein; ziegelgedecktes Satteldach) **der 1. Hälfte des 14. Jahrhunderts,** mit flachgedeckter (Holzbalkendecke wie über (westlichem) Langhaus) Osterweiterung (Backstein; Verlängerung des Langhausdaches) nebst gerade-schließendem, flachgedeckten (Holzbalkendecke wie über Langhaus) Chor (Backstein; Verlängerung des Langhausdaches mit Ostwalm) der ausgehenden 1. Hälfte des 19. Jahrhunderts und mit Westturm (Backstein; kupfergedeckter Spitzhelm) des ausgehenden 3. Viertels des 19. Jahrhunderts

Baugeschichte: In den Jahren um 1050/60 wird eine Kapelle - es ist der Vorgängerbau I - errichtet. Diese Kapelle wird in der Zeit um 1150 entweder grundsätzlich verbessert oder aber durch einen Neubau, der dann folgerichtig als Vorgängerbau II bezeichnet werden müßte, ersetzt. Zwischen 1300 und 1350 wird die Kapelle - dabei ist es unerheblich, ob es sich um den verbesserten Vorgängerbau I oder um den neuerrichteten Vorgängerbau II handelt - abgetragen, um mit dem Neubau jener Kirche mit (Ost-)Apsis beginnen zu können, deren Kernsubstanz bis heute erhalten geblieben ist.

Im Jahre 1838 werden Apsis und Ostwand abgetragen, da eine Langhauserweiterung - die Ansatzstelle ist deutlich sichtbar - angefügt wird, und zwar eine Osterweiterung mit geradem Chorschluß. Der Westturm wird im Jahre 1870 an- und hinzugefügt. Während der Nachfolgezeit werden, und zwar bis in die jüngste Vergangenheit, von Zeit zu Zeit verschieden-umfangreiche Verbesserungs- und verschieden-wirksame Wiederherstellungsmaßnahmen ergriffen.

Loxstedt-Dedesdorf, Delfter Weg

Dötlingen
St. Firminius

Dötlingen, Dorfring

Kirche mit einschiffigem, gewölbten (zwei Joch: Kreuzgratgewölbe des 3. Viertels des 12. Jahrhunderts) **Langhaus** (Feldstein; Granit; Backsteinverbesserungen; ziegelgedecktes Satteldach) **des 12. und 13. Jahrhunderts, mit ursprünglich-gewölbter** (zwei Joch: Kreuzrippengewölbe) **und gerade-schließender Osterweiterung** (Feldstein; Granit; Backstein; Langhausverlängerung; mit neuaufgemauertem Backsteinostgiebel; Ostjoch = Chorjoch: drei Chorstufen) **des 4. Viertels des 13. Jahrhunderts und mit Westturm** (Feldstein; Granit; Sandstein; kupfergedecktes (1980) Turmhelm (vier Uhrerker des 19. Jahrhunderts) **des 3. Viertels des 12. Jahrhunderts**

Baugeschichte: In den Jahren um 1120/30 wird ein einschiffiger, wahrscheinlich im Dachstuhl offener Feldstein-Granit-Bau mit Apsis errichtet, ein Bau, dessen Kernsubstanz auf die unmittelbare Gegenwart überkommen ist und der zwischen ungefähr 1150 und 1170 eingewölbt wird, und zwar das Langhaus mit Kreuzgratgewölben (zwei Joch), die Apsis mit Nischengewölbe. In unmittelbarem Zusammenhang mit der vorerwähnten Wölbetätigkeit steht die Vermauerung der kleinen Fensteröffnungen des Langhauswestbereichs, die Schaffung neuer und größerer Langhausfensteröffnungen und die Errichtung (1171) des Westturmes. Um 1270/80 wird das Langhaus nach Osten erweitert, d. h. Ostwand und Apsis werden abgetragen, um eine bereits ursprünglich-gewölbte (zwei Joch: Kreuzrippengewölbe) und gerade-schließende Osterweiterung, deren Ostjoch Chorfunktion zuerkannt (später?) erhält, ansetzen zu können. Im 14. Jahrhundert werden Backsteinverbesserungen (u. a. Ostgiebel) vorgenommen.

Die große Fensteröffnung der Langhaussüdwand wird mutmaßlich einem verbessernden Eingriff des 18. Jahrhunderts verdankt. Obschon nicht schriftlich belegbar, wird ersichtlich, daß das 19. Jahrhundert Erhaltungs- und Verbesserungsmaßnahmen ergriffen hat. Die Wiederherstellungsarbeiten des Jahres 1980 nehmen sich u. a. besonders der Verdachungen (Kupfereindeckung des Westturmhelmes) an.

Dötlingen, Dorfring

Eckwarden

St. Pankratius - St. Lambertus

Butjadingen-Eckwarden, Butjadinger Straße

Kirche mit einschiffigem, flachgedeckten (Holzbalkendecke des 8. Jahrzehnts des 17. Jahrhunderts) **Langhaus** (Portasandstein-Fundament; Backstein; Sandsteinfassungen an Westwand; ziegelgedecktes Satteldach; Dachreiter (hinter Westgiebel; schiefergedeckter Turmhelm des 19. Jahrhunderts) **des 1. Viertels des 15. Jahrhunderts mit ursprünglichem, eingezogenen,** gerade-schließenden und flachgedeckten **Chor** (Portasandstein-Fundament; Backstein; ziegelgedecktes Satteldach; eine Chorstufe) **und mit freistehendem Glockenhaus** (Backstein; ziegelgedecktes Satteldach) **des 2. Viertels des 15. Jahrhunderts,** aber auch des 16., 18. und 19. Jahrhunderts

Baugeschichte: Der Vorgängerbau I - eine Kapelle - wird im 11. Jahrhundert errichtet; ihn ersetzt im 13. Jahrhundert der Vorgängerbau II, ein einschiffiger, wahrscheinlich im Dachstuhl offener Portasandsteinbau mit Chor und runder (Ost-)Apsis. Ein freistehendes Glockenhaus soll bereits in der Zeit um 1300 hinzugefügt worden sein. Der Vorgängerbau II wird im Jahre 1419 durch Kriegseinwirkung völlig zerstört. Nachfolgend werden die Reste, allerdings unter Erhalt der Fundamentierung, abgetragen. Kurze Zeit später wird ein einschiffiger Backstein-Wölbebau (drei Joch: Kreuzrippengewölbe) mit eingezogenem Chor und (Ost-)Apsis errichtet. Da auch das Glockenhaus im Jahre 1419 zerstört worden ist, wird im Jahre 1434 ein neues Glockenhaus erbaut. Wenige Jahre nach 1500 stürzen die Gewölbe ein; die Gewölbereste werden abgetragen. Der Gewölbeeinsturz zieht nicht zuletzt auch die Oberzonen der Langhauswände in Mitleidenschaft. Die Gewölbe werden nicht wiederhergestellt. Die beschädigten Wandoberzonen werden dagegen verbessert (1528), nachdem man zuvor (1518) das Mauerwerk des Glockenhauses verstärkt hat.

Das erste neuzeitliche „reformatorische" 16. Jahrhundert läßt baugeschichtlich-relevante Angaben ebenso vermissen wie die ersten sieben Jahrzehnte des 17. Jahrhunderts, wobei im Hinblick auf den letztgenannten Zeitraum auf die Misere des Dreißigjährigen Krieges und dessen Nachfolgezeit verwiesen wird. Die für das 17. Jahrhundert erstverbindliche Angabe liefert die Zeit um 1675. Während dieser Zeit wird nicht allein das Glockenhaus verbessert, sondern es wird auch der seit dem Gewölbeeinsturz und kurz nach 1500 im Dachstuhl offen gebliebene Kultraum mittels einer flachen Holzbalkendecke, deren im Jahre 1677 erfolgende Bemalung nicht nur als krönender Abschluß der Deckeneinziehung, sondern darüber hinaus auch gleichzeitig als Abschluß von Dachstuhlerneuerungsarbeiten zu gelten hat. Nunmehr vergehen bis zur nächsten baugeschichtlich-relevanten Angabe ungefähr 80 Jahre; dies bedeutet, daß zwangsläufig die Zeit des 18. Jahrhunderts erreicht wird: Im Jahre 1754 sieht man sich in eine Zwangslage versetzt, d. h. die einsturzgefährdete Langhauswestwand muß abgetragen und neuaufgemauert werden. Überdies ist man genötigt, das Mauerwerk des Glockenhauses zu verbessern. Nachdem die vorgenannte Bautätigkeit beendet ist, soll es fast 100 Jahre dauern bis das nächste Datum greifbar wird. Dieses Datum ist indessen sehr bemerkenswert, denn es kündigt den Beginn umfassender Erhaltungs- und Verbesserungsarbeiten an. Die erste Phase dieser Arbeiten beansprucht die beiden Jahre 1855 und 1856, nämlich jene Jahre, in denen sämtliche Fensteröffnungen in ihrer Umrißführung verändert werden, die (Ost-)Apsis abgetragen wird, die Apsisöffnung der Langhausostwand bis auf ein „neues" Ostportal vermauert wird, das Westportal verändert (1855) wird, der Dachreiter aufgesetzt wird und die flache Holzbalkendecke der Zeit um 1675/77 unter einer Gipsdecke verborgen wird. Die zweite Phase dieser Arbeiten - diese Phase zeichnet sich aus durch Verbesserung des Glockenhausmauerwerks - ist im Jahre 1876 beendet. Die Folgezeit, d. h. das ausgehende 19. Jahrhundert und die 1. Hälfte des 20. Jahrhunderts, kann sich keiner baugeschichtlich-relevanten Angabe bedienen; erst zu Beginn der 2. Hälfte des 20. Jahrhunderts, im Jahre 1951, ist neuerliche Bautätigkeit angezeigt, nämlich jene Bautätigkeit, deren Umfang zwar nicht mehr zu ermitteln ist, deren Richtung - vornehmlich gemeint sind Dachzone und Dachreiter - sich aber durchaus andeutet. Im Jahre 1960 setzt wiederum Bautätigkeit ein, im Jahre 1960 beginnen jene umfangreichen und mehrfach-unterbrochenen Verbesserungs- und Wiederherstellungsarbeiten, die bis zum Jahre 1984 andauern.

Butjadingen-Eckwarden, Butjadinger Straße

Butjadingen-Eckwarden, Butjadinger Straße

Edewecht

St. Nikolaus

Edewecht-Nord-Edewecht I, Hauptstraße

Kirche mit einschiffigem, ursprünglich-gewölbten (zwei Joch: Kreuzrippengewölbe), aber auch flachgedeckten (halbes Joch: Holzbalkendecke des 17. Jahrhunderts) **Langhaus** (Granitfundament; Backstein; Stützpfeiler; ziegelgedecktes Satteldach **des 4. Viertels des 14. Jahrhunderts** (Langhauswestwand: 17. Jahrhundert), **mit ursprünglich-gewölbtem** (ein Joch: Kreuzrippengewölbe) **gerade-schließenden Chorjoch** (Backstein; Stützpfeiler; Verlängerung des Langhausdaches) **des 15. Jahrhunderts** und mit freistehendem Glockenturm (Holzkonstruktion) des beginnenden und mittleren 20. Jahrhunderts

Baugeschichte: Der Vorgängerbau, eine Granitkapelle, wird in den Jahren zwischen 1180 und 1242 erbaut. Dieser Vorgängerbau wird kurz vor 1378 abgetragen; ihn ersetzt ab 1378 ein einschiffiger Backstein-Wölbebau in Ausdehnung von zwei Joch. Ob der Neubau von 1378 mit polygonalem Schluß versehen gewesen ist, konnte bislang nicht entschieden werden. Zweifelsfrei fest steht dagegen, daß Granit-Abbruchmaterial vom Vorgängerbau bei der Fundamentierung verwandt worden ist. In der Zeit zwischen 1400 und 1500 wird der polygonale Schluß, wenn er denn überhaupt vorhanden gewesen ist, abgetragen, die Langhausostwand geöffnet und das bereits ursprünglich-gewölbte und gerade-schließende Chorjoch angesetzt.

Im Verlaufe des 17. Jahrhunderts erfolgt, nachdem die entsprechende Wand abgetragen worden ist, eine Westerweiterung des Langhauses. Diese Westerweiterung - sie besitzt die Ausdehnung eines halben Joches und wird mit einer flachen Holzbalkendecke versehen - fordert naturgemäß die Aufmauerung einer neuen Langhauswestwand. Im Jahre 1906 wird der freistehende Glockenturm als Holzkonstruktion errichtet. Dieser Glockenturm wird im Frühjahr 1945 durch Kriegseinwirkung zerstört; er wird im Jahre 1950 rekonstruiert. Erhaltungs-, Wiederherstellungs- und Verbesserungsmaßnahmen, die mit einer Grabung (1975) einhergehen, werden in den Jahren 1975 und 1976 ergriffen.

Edewecht-Nord-Edewecht I, Hauptstraße

Elsfleth

St. Nikolaus

Elsfleth, Steinstraße

Kirche mit einschiffigem, flachgedeckten (Holzbalkendecke des 4. Jahrzehnts des 17. Jahrhunderts; erneuerte Dielung des vorletzten Jahrzehnts des 20. Jahrhunderts) **Langhaus** (Backstein mit Resten von Feld- und Sandsteinmauerwerk; doppelgeschossig; Fensterachsen; ziegelgedecktes Satteldach) **von der Wende des 15. Jahrhunderts zum 16. Jahrhundert,** mit im Osten angesetzten, nach Norden gerichteten, einschiffigen, flachgedeckten (Holzbalkendecke des letzten Jahrzehnts des 17. Jahrhunderts; erneuerte Dielung des vorletzten Jahrzehnts des 20. Jahrhunderts) (2.) Langhaus in Nord-Süd-Richtung (ähnliche Abmessungen und Gestaltung wie spätmittelalterliches Langhaus; Backstein; ziegelgedecktes Satteldach) des letzten Jahrzehnts des 17. Jahrhunderts und mit Westturm (vor Ursprungsarchitektur; Backstein; schiefergedeckter niedriger Spitzhelm) des vorletzten Jahrzehnts des 19. Jahrhunderts

Baugeschichte: Reste von Feld- und Sandsteinmauerwerk (West) lassen vermuten, daß bereits im 13. Jahrhundert eine wahrscheinlich im Dachstuhl offene Feldsteinkapelle errichtet worden ist. Wenn solche Vermutung zutrifft, dann müßte diese angenommene Kapelle gegen 1500 abgetragen worden sein, denn zu eben dieser Zeit wird - unter Benutzung von Abbruchmaterial? - eine Backsteinkapelle (heute: von Ost nach West gerichtetes Langhaus) mit polygonalem Schluß (?) erbaut.

Im Jahre 1633 wird der Kapellenraum mit einer flachen Holzbalkendecke nach oben geschlossen, und zwar nachdem der polygonale Schluß zugunsten eines geraden Schlusses beseitigt worden ist, weil man zunächst daran gedacht hat, das Langhaus nach Osten zu verlängern, aber dann die Planung nicht realisiert. Die im Jahre 1690 einsetzende Bautätigkeit beginnt mit Abtragung von Langhaus-Ostteilen und setzt sich fort mit Errichtung des im Osten des Langhauses angesetzten, bereits ursprünglich flachgedeckten und von Nord nach Süd gerichteten (2.) Langhauses. Im Laufe des 18. Jahrhunderts werden die beiden flachen Holzbalkendecken unter Gipsdecken verborgen. Im Jahre 1888 wird dem ursprünglichen (1.) Langhaus der heutige Westturm angesetzt, wobei die Langhauswestwand teilweise abgetragen und folgerichtig teilweise wiederaufgemauert wird. Verbesserungsarbeiten, die sich vornehmlich auf Einbauten an den Stirninnenseiten der beiden Langhäuser richten, beanspruchen die Jahre 1967/68. Nach Erneuerung des Dachstuhls und nach Beseitigung der Gipsdecken im Jahre 1990 wird die Dielung (dekorative Bemalung bei Ortsbesichtigung im Frühjahr 1991 noch nicht vorhanden) der freigelegten Holzbalkendecken erneuert.

Elsfleth, Steinstraße

Esenshamm
St. Matthäus

Nordenham, Alte Heerstraße

Kirche mit einschiffigem flachgedeckten (Kassettendecke des vor-letzten Jahrzehnts des 19. Jahrhunderts) **Langhaus** (Portasand-stein; Backsteinverbesserungen; ziegelgedecktes Satteldach) **des frühen 13. Jahrhunderts, mit leicht-eingezogenem, ursprüng-lich-gewölbten** (Kreuzrippengewölbe) **und polygonal-schließenden** (3/5 Seiten eines Achtecks, fünfteiliges Rippengewölbe), **Chor** (Porta-sandstein; Backstein; Stützpfeiler; ziegelgedecktes Satteldach mit Abwalmungen; eine Chorstufe) **der beginnenden 2. Hälfte des 14. Jahrhunderts und mit Westturm** (Backstein; kupfergedeckter Spitzhelm) **des 2. Jahrzehnts des 15. Jahrhunderts,** aber auch des 17. und 18. Jahrhunderts

Baugeschichte: Kurz nach 1200 wird ein wahrscheinlich im Dachstuhl offener Portasandsteinbau mit runder (Ost-)Apsis - dies ist die Kernsubstanz der heutigen Anlage - errichtet. Die Langhausostwand wird teilweise, die Apsis völlig abgetragen, als man im Jahre 1352 den gegenwärtig-erscheinenden, bereits ur-sprünglich gewölbten und polygonal-schließenden Chor ansetzt. In unabweislichem Zusammenhang mit vorgenannter Bautätig-keit steht die Errichtung eines Westturmes, der aber bereits bei der Belagerung im Jahre 1384 völlig zerstört wird. Der heutige Westturm wird erst nach 1414 - im vorgenannten Jahre wird Esenshamm wiederum belagert - erbaut.

Im Jahre 1678 wird das Mauerwerk des Westturmes erhöht; folglich werden auch Dachstuhl und Helmdach erneuert. Ein durch Blitz-schlag im Jahre 1783 ausgelöster Brand vernichtet den Westturm-helm, der aber sofort wiedererrichtet wird. Gleichzeitig wird eine er-ste (?) flache Holzbalkendecke über dem Langhaus eingezogen. Im Jahrzehnt zwischen 1840 und 1850 werden umfangreiche Bauarbei-ten bewältigt. Im Jahre 1889 weicht die flache Holzbalkendecke einer Kassettendecke. Erhaltungs- und Wiederherstellungsmaßnah-men werden 1967/68 ergriffen.

64

Nordenham, Alte Heerstraße

Fedderwarden

St. Stephanus

Wilhelmshaven, Kirchweg

Kirche mit einschiffigem, ursprünglich-gewölbten (drei Joch: Domikalgewölbe) **Langhaus** (Reste von Granitmauerwerk; Backstein; ziegelgedecktes Satteldach; nach Süden gerichteter und nach Osten verschobener Portal-Vorbau [Backstein; ziegelgedecktes Satteldach] des beginnenden 18. Jahrhunderts) **des 3. Viertels des 13. Jahrhunderts, mit ursprünglicher, gewölbter** (Nischengewölbe des 14. Jahrhunderts) **runder (Ost-)Apsis** (Backstein; ziegelgedeckter Spitzhelm; Uhr-Erker) des ausgehenden 3. Viertels des 19. Jahrhunderts

Baugeschichte: Die Reste von Granitmauerwerk legen den Gedanken an einen Granit-Vorgängerbau nahe. Dieser Granit-Vorgängerbau müßte, wenn er tatsächlich als vorgegeben zu betrachten wäre, gegen 1260 abgetragen worden sein, denn um eben diese Zeit wird mit der Errichtung des gegenwärtig erscheinenden Backstein-Wölbebaus mit runder (Ost-)Apsis begonnen. Für das Jahr 1396 ist umfangreiche Bautätigkeit belegt; sie richtet sich u. a. ebensowohl auf Verbesserung, der überkommenen Langhausgewölbe als auch auf Neueinwölbung der Apsis.

Der nach Süden gerichtete und nach Osten verschobene Portal-Vorbau - sein Innenraum ist nach oben geschlossen mit einer Gipsdecke - wird im Jahre 1706 erbaut. In den Jahren zwischen 1871 und 1873 wird nicht nur der Westturm errichtet, sondern es erfolgen auch jene Verbesserungen, die sich fast aller Mauerverbände annehmen. Die im Jahre 1976 einsetzenden, auf Wiederherstellung des mittelalterlichen Erscheinungsbildes bedachten Erhaltungs- und Verbesserungsarbeiten richten sich besonders auf Apsis, Gewölbe- und Dachzonen.

Wilhelmshaven, Kirchweg

Ganderkesee
St. Cornelius - St. Cyprianus

Ganderkesee 1, Ring

Dreischiffige, ursprünglich-gewölbte (drei Travéen: Kreuzrippengewölbe) **Hallenkirche** (Granit- und Feldsteinmauerwerk; Backstein; Backsteingiebel; Stützpfeiler; ziegelgedecktes Satteldach) **des 15. Jahrhunderts mit eingezogenem, ursprünglich-gewölbten** (ein Joch: Kreuzrippengewölbe und Schlußgewölbe) **und polygonal-schließenden** (drei Seiten eines Achtecks) **Chor** (Granit- und Feldsteinmauerwerk; Backsteinverbesserungen; Stützpfeiler; ziegelgedecktes Satteldach mit Abwalmungen) **des 15. Jahrhunderts und mit Westturm** (Granit; Feldstein; Backstein; kupfergedeckter Spitzhelm des 2. Jahrzehnts des 18. Jahrhunderts und der Mitte des 20. Jahrhunderts) **des 1. Viertels des 13. Jahrhunderts** wie auch des 3. Viertels des 16. Jahrhunderts

Baugeschichte: Die Gemeindegründung erfolgte im Jahre 1052. Kurz danach wird eine hölzerne Kapelle - es ist der Vorgängerbau I - errichtet. Diese hölzerne Kapelle weicht dem um 1220 errichteten Vorgängerbau II, einer einschiffigen, wahrscheinlich im Dachstuhl offenen Feldsteinkirche mit Apsis und Westturm. Im Verlaufe des 15. Jahrhunderts wird der Vorgängerbau II - bis auf den Westturm - abgetragen; ein alsbald errichteter Neubau, der Abbruchmaterial vom Vorgängerbau II verwendet, ersetzt den Vorgängerbau II. Dieser Neubau ist die bis heute erhalten gebliebene Hallenkirche westfälischen Typs.

Im Jahre 1564 erhöht man - dabei wird Abbruchmaterial der Klosterruine Hude verwandt - den Westturm. Die Turmerhöhung fordert Abbruch des alten wie Aufsetzen eines neuen Turmhelms. Der Turmhelm wird im Jahre 1713 zwar völlig eingeäschert, aber sofort wiedererrichtet. Im Winter 1821/22 werden Wetterfahne und Flügelstange beschädigt; der Schaden ist im Jahre 1823 behoben. Im Jahre 1863 wird der Turmhelm neuverdacht. Verbesserungen, die sich vornehmlich der Mauerverbände annehmen, erfolgen sowohl im Jahre 1885 als auch im Jahre 1914. Im Jahre 1945 werden die Dächer von Halle und Westturm ein Opfer der Flammen. Die ungünstigen Nachkriegsverhältnisse verhindern eine sofortige Schadensbehebung; sie setzt erst im Jahre 1947 ein, wird im Jahre 1949 intensiviert und findet, da die einsturzgefährdeten Mauerverbände u. a. durch Einziehen von Betondecken stabilisiert werden müssen, erst im Jahre 1954 mit Neuverdachung des Westturmes ihren krönenden Abschluß.

Ganderkesee 1, Ring

Golzwarden
St. Bartholomäus

Brake, Golzwarden

Kirche mit einschiffigem, flachgedeckten (Holzbalkendecke des beginnenden 2. Jahrzehnts des 18. Jahrhunderts) **Langhaus** (Reste von Portasandsteinmauerwerk; Backstein; Westwand unter Putz; ziegelgedecktes Satteldach; Dachreiter (schiefergedeckter Spitzhelm; auf First hinter Westgiebel) des 2. Jahrzehnts des 18. Jahrhunderts) **des 3. Viertels des 13. Jahrhunderts und des 1. Viertels des 15. Jahrhunderts, mit eingezogenem,** flachgedeckten (Holzbalkendecke wie über Langhaus) **und polygonal-schließenden** (drei Seiten eines Achtecks) **Chor** (Reste von Portasandsteinmauerwerk; Backstein; Stützpfeiler; ziegelgedecktes Satteldach mit Abwalmungen) **des 1. Viertels des 15. Jahrhunderts** und mit freistehendem Glockenhaus (Porta-Sandstein; Backstein; Backstein-Stützmauerwerk im Westen; ziegelgedecktes Walmdach) der 1. Hälfte des 16. Jahrhunderts

Baugeschichte: In den Jahren kurz vor 1263 wird ein einschiffiger, vermutlich im Dachstuhl offener Portasandsteinbau mit runder (Ost-)Apsis errichtet. Während der Zeit um 1424 werden die Langhauswände teilweise abgetragen, wiederaufgemauert (Backstein) und insgesamt erhöht, und zwar nicht zuletzt deswegen, weil der Kultraum mit drei achtteiligen Rippengewölben nach oben geschlossen wird und weil ein neu-errichteter, bereits ursprünglich-gewölbter und polygonal-schließender Chor den Platz der zuvor abgetragenen Apsis einnimmt. Gleichzeitig errichtet man einen Glocken- und Wehrturm, der während der Zeit um 1500 durch Kriegseinwirkung zerstört wird. Die gesamte Wölbezone wird um eben dieselbe Zeit abgetragen.

Das heutige Glockenhaus wird in den Jahren zwischen 1530 und 1550 errichtet. Im Jahre 1711 setzt man, nachdem Dachstuhl und Dachdeckung erneuert und die flachen Holzbalkendecken über Langhaus und Chor eingezogen worden sind, dem First hinter dem Westgiebel einen Dachreiter auf. Für die Zeit der 2. Hälfte des 18. Jahrhunderts sind Verbesserungsarbeiten belegt. Der 1. Hälfte des 19. Jahrhunderts bleibt es vorbehalten, das Mauerwerk der Langhauswestwand mit jener Putzschicht zu versehen, die im Jahre 1951 erneuert werden soll.

Brake, Golzwarden

Hasbergen

St. Laurentius

Delmenhorst, Hasberger Dorfstraße

Kirche mit einschiffigem, flachgedeckten (Betondecke des 3. Viertels des 20. Jahrhunderts) **Langhaus** (Granit; Feldstein; Backstein; Stützpfeiler an Südseite; ziegelgedecktes Satteldach; zwei Stufen unter Naturbodenniveau) **des 4. Viertels des 13. Jahrhunderts, aber auch des 8. Jahrzehnts des 14. Jahrhunderts, mit integriertem, gerade-schließenden** und flachgedeckten (Betondecke wie über Langhaus) **Chor** (Backstein; Langhausdach-Verlängerung mit Abwalmungen; vier Chorstufen) **des 8. Jahrzehnts des 14. Jahrhunderts,** aber auch des ausgehenden 1. Drittels des 18. Jahrhunderts **und mit Westturm** (Feldstein; Granit; Sandstein; Backsteinverbesserungen; ziegelgedecktes Helmdach) **des 4. Viertels des 13. Jahrhunderts**

Baugeschichte: Kurz vor 1285 wird ein einschiffiger, wahrscheinlich im Dachstuhl offener Feldstein- und Granitbau mit runder (Ost-)Apsis und Westturm errichtet (Mutterkirche von Delmenhorst). In der Zeit um 1380 wird die Apsis abgetragen, die Langhausostwand geöffnet, der gerade-schließende, aber bereits ursprünglich-gewölbte Chor angesetzt und das Langhaus eingewölbt.

Im Jahre 1679 wird die Turmwestwand teilweise abgetragen und mit Backsteinmauerwerk verbessert. In den beginnenden Dreißigerjahren des 18. Jahrhunderts werden die Gewölbe nach Einsturz abgetragen und durch eine flache Holzbalkendecke, nachdem zuvor die bei Einsturz und Abtragung beschädigten Wände - es sind dies: Langhausnordwand, -südwand und Chorsüdwand - mit Backsteinmauerwerk und unter Veränderung der Fensterumrißführung verbessert worden sind, ersetzt. Diese Bautätigkeit, der überdies die senkrechten Sandstein-Eckeinfassungen des Westturmes verdankt werden, kann im Jahre 1732 abgeschlossen werden. Neuerliche Bautätigkeit ist gegen Ende des 19. Jahrhunderts belegt: sie richtet sich vornehmlich auf den Westturm und ist im Jahre 1894 beendet. In den Siebzigerjahren des 20. Jahrhunderts ergreift man jene Maßnahmen - sie dauern bis zum Jahre 1974 an -, die im Einziehen von stabilisierenden Betondecken über Langhaus und Chor wie in Verbesserung des Westturm-Mauerwerks gipfeln.

Delmenhorst, Hasberger Dorfstraße

Heppens

St. Nikolaus

Wilhelmshaven, Heppenser Straße

Kirche mit einschiffigem, flachgedeckten (Holzbalkendecke des 7. Jahrzehnts des 20. Jahrhunderts) **Langhaus** (Backstein; ziegelgedecktes Satteldach) **des ausgehenden 3. Viertels des 14. Jahrhunderts, mit ursprünglichem polygonalen** (vier Seiten eines Achtecks) **Chorschluß** (Backstein; Stützpfeiler; ziegelgedeckte Abwalmungen) und mit Westturm (Backstein; ziegelgedecktes Satteldach) nebst jeweils einer flankierenden zweigeschossigen Turmkapelle (Backstein; ziegelgedeckte Satteldächer) des letzten Jahrzehnts des 19. Jahrhunderts, aber auch - besonders: Turmobergeschosse - der ausgehenden 1. Hälfte des 20. Jahrhunderts

Baugeschichte: Während der Zeit um 1370 wird eine gewölbte (Rippengewölbe) polygonal-schließende Backsteinkapelle, die Kernsubstanz der heutigen Kirchenanlage werden soll, als Ersatz für die in den Fluten des Jadebusens versunkene Kapelle zu Dauens erbaut. In den Jahren um 1520 stürzen die Gewölbe ein. Der Gewölbeeinsturz beschädigt das Wandmauerwerk erheblich; während die Schäden am Wandmauerwerk alsbald behoben werden, wird auf Gewölbekonstruktion verzichtet und eine flache Holzbalkendecke eingezogen.

Im Jahre 1717 wird das Mauerwerk des Chorschlusses verbessert. Der Westturm samt flankierenden Turmkapellen wird im Jahre 1893 errichtet und durch einen zwischengefügten Raumriegel der Kapelle verbunden. Zwischen 1942 und 1945 wird die Kirche bei Luftangriffen schwer beschädigt. Sofort nach Kriegsende, d. h. noch im Jahre 1945, beginnen die langandauernden Wiederaufbauarbeiten; im Jahre 1947 sind die völlig zerstörten Westturm-Obergeschosse durch zeitgenössische Architektur ersetzt, und im Jahre 1965 wird - gleichsam als Abschluß der Wiederaufbauarbeiten - die flache Holzbalkendecke eingezogen.

Wilhelmshaven, Heppenser Straße

Hohenkirchen

St. Sixtus - St. Sinicius

Wangerland 1-Hohenkirchen, Bismarckstraße

Kirche mit einschiffigem, flachgedeckten (Holzbalkendecke des 19. Jahrhunderts) **Langhaus** (Granit; Portasandstein- und Backsteinverbesserungen; Stufenportal an Nord- und Südseite; ziegelgedecktes Satteldach; Dachreiter (Uhr; Spitzhelm) der 2. Hälfte des 18. Jahrhunderts) **der Mitte des 12. Jahrhunderts mit gewölbter ursprünglicher** runder (Ost-)**Apsis** (Granit; Portasandsteinverbesserungen; schiefergedecktes Kegeldach) **und mit freistehendem Glockenhaus** (Backstein; ziegelgedecktes Walmdach) **der Mitte des 14. Jahrhunderts**, aber auch des 2. Viertels des 18. Jahrhunderts

Baugeschichte: Der im Laufe des 9. Jahrhunderts errichtete Vorgängerbau von unbekannter Formgebung wird gegen 1150 abgetragen und weicht dem heutigen einschiffigen, wahrscheinlich bei Errichtung im Dachstuhl offenen Granitbau mit runder (Ost-)Apsis, jenem Bauwerk, das im Jahre 1294 als „Gau- und Sendkirche" urkundlich erwähnt wird. Nachdem im Jahre 1359 ein freistehender Glockenturm, dem die Zusatzfunktion eines Wehrturmes zuerkannt wird, errichtet und die Gesamtanlage mit Wall und Graben umgeben worden ist, hat die Kirche nicht nur als Gotteshaus, sondern auch als Festung betrachtet zu werden.

Die Entfestigung erfolgt im Jahre 1739: Wall und Graben werden eingeebnet, der Glocken- und Wehrturm wird geschleift. Im unmittelbaren Anschluß an die Entfestigung wird das heutige freistehende Glockenhaus erbaut, während gleichzeitig die einsturzgefährdete Langhauswestwand teilweise abgetragen wird, um in Backstein wiederaufgemauert zu werden. In der 2. Hälfte des 18. Jahrhunderts wird die Verdachung des Langhauses erneuert, der Dachreiter aufgesetzt und jene flache Holzbalkendecke eingezogen, die bereits im 19. Jahrhundert ersetzt werden muß. Die im Jahre 1981 ergriffenen Erhaltungs-, Verbesserungs- und Wiederherstellungsmaßnahmen berücksichtigen besonders die Dachzonen.

Wangerland 1-Hohenkirchen, Bismarckstraße

Holle
St. Dionysius

Hude-Holle, Holler Kirchweg

Kirche mit einschiffigem, flachgedeckten (Holzbalkendecke der ausgehenden 1. Hälfte des 20. Jahrhunderts) **Langhaus** (Backstein; ziegelgedecktes Satteldach; Dachreiter (hinter Westgiebel; Holz; kupfergedeckter niedriger Turmhelm) der ausgehenden 1. Hälfte des 20. Jahrhunderts) **des beginnenden 4. Viertels des 13. Jahrhunderts** und mit bereits ursprünglich-flachgedecktem (Holzbalkendecke) polygonalen (fünf Seiten eines Achtecks) Chorschluß (Backstein; ziegelgedeckte Abwalmungen) der ausgehenden 1. Hälfte des 18. Jahrhunderts

Baugeschichte: In den Jahren um 1277 wird eine bereits ursprünglich-gewölbte (zwei Joch: Kreuzrippengewölbe) Kapelle mit polygonalem Schluß (Schlußgewölbe (?)) errichtet. Diese Kapelle ist in ihrer Substanz im Westbereich der heutigen Kirche erhalten geblieben.

Im Jahre 1741 wird das Kapellengebäude nach Osten im Sinne einer vollgültigen Kirchenanlage erweitert, indem der Kultraum um mehr als das Doppelte durch eine bereits ursprünglich-gewölbte (Kreuzrippengewölbe) Osterweiterung mit bereits ursprünglich-gewölbtem (Schlußgewölbe) polygonalen Schluß verlängert wird. Im Jahre 1868 wird ein Westturm angefügt, und zwar mittels eines gleichzeitig erbauten, Langhauswestwand und Westturm verbindenden Raumriegels. Westturm, Raumriegel und Langhauswestwand wie auch sämtliche Gewölbe werden zufolge von Kriegsschäden im Jahre 1947 abgetragen. Anschließend wird eine neue Langhauswestwand aufgemauert, ein Chorbogen errichtet, eine flache Holzbalkendecke eingezogen und der Dachreiter aufgesetzt.

Hude-Holle, Holler Kirchweg

Hude

zunächst St. Georg (Torkapelle des Zisterzienserklosters zu Hude), dann St. Elisabeth (Gemeindekirche)

Hude, Kirchstraße

Ursprünglich-gewölbte (drei Joch: Kreuzrippengewölbe) **gerade-schließende Kapelle** (Backstein; Stützpfeiler; Westwand-Untergeschoß: Wandvorlagen - Reste ehemaliger Verbindungsarchitektur; ziegelgedecktes Satteldach; Dachreiter (Holz; kupfergedeckte glockenförmige Haube) des 3. Jahrzehnts des 19. Jahrhunderts wie auch des 8. Jahrzehnts des 20. Jahrhunderts) **der ausgehenden 1. Hälfte des 13. Jahrhunderts**

Baugeschichte: Die heutige Gemeindekirche wird in den Jahren um 1245 als Torkapelle, und zwar in Form eines gerade-schließenden Backstein-Wölbebaues, errichtet. Als der Kapellen-Innenraum zu Beginn des 14. Jahrhunderts mit figürlicher und dekorativer Wandmalerei versehen wird, werden bereits erste verbessernde Baumaßnahmen ergriffen.

Nach Zerstörung (1546/47) der Klosteranlage sind sämtliche Gebäude - bis auf das Abtshaus, das zum Jagdschloß umgestaltet wird und gegen Ende des 17. Jahrhunderts mit der Funktion eines Herrenhauses bedacht wird - dem Verfall preisgegeben (Ruine der Klosterkirche in unmittelbarer Nähe). Nach entsprechenden Erneuerungen gewinnt die Torkapelle ihre ursprüngliche Funktion als Gotteshaus zurück, und zwar zunächst als Privatkapelle, dann als Friedhofskapelle und schließlich als Gemeindekirche. Kurz vor 1800 wird das Mauerwerk verputzt. Im Jahre 1820 setzt man jenen Dachreiter auf, der bei Neuverdachung im Jahre 1971 grunderneuert werden soll. In jüngster Vergangenheit, zwischen 1985 und 1989, werden die Backstein-Mauerverbände von der Putzschicht befreit, Teile des Maßwerks ergänzt, beschädigte Fensterlaibungen werden ausgebessert, der Westgiebel wird nach vorhergehender Abtragung neuaufgemauert und sämtliche Mauerverbände werden neuverfugt.

Hude, Kirchstraße

Huntlosen

St. Brictius

Großenkneten-Huntlosen, Bahnhofstraße

Kirche mit einschiffigem, gewölbten (zwei Joch: Domikalgewölbe des beginnenden 2. Drittels des 13. Jahrhunderts, d. s. Ostjoch (Chorjoch) und Mitteljoch des mit drei Jochen gewölbten Gesamtraumes) **und gerade-schließenden** (Chor ist lediglich im Innenraum durch eine Chorstufe ausgewiesen; Chorabschlußwand: 14. Jahrhundert) **Langhaus** (Feldstein-Granit-Fundament; Granitsockelzone; Backstein; ziegelgedecktes Satteldach) **des 2. Viertels des 13. Jahrhunderts und mit Westturm** (Feldstein-Granit-Fundament; Backstein; fast-würfelförmiges Untergeschoß (verstärktes Mauerwerk; gewölbt (ein Joch: Domikalgewölbe des beginnenden 2. Drittels des 13. Jahrhunderts = 3. Joch = Westjoch); achtseitiger Raumkörper als Obergeschoß; ziegelgedecktes Zeltdach (4. Viertel des 17. Jahrhunderts) mit acht Abwalmungen) **des 2. Viertels und des beginnenden 3. Drittels des 13.** (Untergeschoß) **wie auch des 14. Jahrhunderts (Obergeschoß)**

Baugeschichte: Der Vorgängerbau, eine Feldstein-Granit-Kapelle wird in der Zeit um 1100 errichtet. In den Jahren zwischen 1225 und 1250 wird dieser Vorgängerbau weitgehend, d. h. bis auf Fundament und Wandteile abgetragen; ihn ersetzt ein alsbald errichteter, wahrscheinlich im Dachstuhl offener Backsteinbau mit Apsis. Wenig später, d. h. um 1260/70, entschließt man sich, den Neubau mit drei Domikalgewölben nach oben zu schließen, ohne indessen auf einen Westturm zu verzichten: Zunächst wird das Mauerwerk im Bereiche des späteren Westjoches - es wird das spätere Turmjoch sein - sowohl außen als auch innen erheblich verstärkt. Dann beginnt die Wölbetätigkeit. Gleichzeitig entsteht durch Aufmauerung des verstärkten Gewändes im Bereiche des Westjochs der Westturm. Dies bedeutet, und zwar ohne Westverlängerung und ohne Verlust an Gesamträumlichkeit, daß eine zu drei Joch gewölbte Anlage mit aufgesetztem Westturm entstanden ist. Im 14. Jahrhundert werden Westturmobergeschoß, Apsis und ostwärtige Abschlußwand abgetragen. Die ostwärtige Abschlußwand wird - die Apsis entfällt - als gerade-schließende Wand neuaufgemauert; das Westturmobergeschoß ersetzt ein achtseitiger Raumkörper, der auf dem fast-würfelartigen Turmuntergeschoß aufsteht und bedeckt ist mit einem aus Backstein aufgemauerten zeltdachförmig-gebrochenen Helm und überdies Leerzonen (4) auf der Oberfläche des vorgenannten würfelartigen Untergeschosses entstehen läßt, die mit aus Backstein aufgemauerten (später: ziegelgedeckt) Raumkörpern in Form von regelmäßig-vierseitigen, aber

diagonal-zweigeteilten Pyramiden besetzt werden, um die Übergangshärte von Kubus zu Oktogon zu mildern.

In den Jahren zwischen ungefähr 1620 und 1640, d. h. während des Dreißigjährigen Krieges, wird die kirchliche Anlage teilzerstört. Erst gegen Ende des 17. Jahrhunderts, zwischen 1679 und 1698, wird das fast-eingestürzte Domikalgewölbe unter dem ebenfalls stark in Mitleidenschaft gezogenen Westturm wiederhergestellt, werden sämtliche beschädigten Mauerverbände in den Urzustand zurückversetzt und wird der ruinöse Backsteinturmhelm abgetragen, um von einer schindel- und kupfergedeckten Holzkonstruktion ersetzt zu werden. Erhaltungs- und Verbesserungsarbeiten des 18. und 19. Jahrhunderts sind wahrscheinlich, aber nicht belegbar. Im Jahre 1990 beginnt eine, bei Ortsbesichtigung (Frühjahr 1991) noch nicht abgeschlossene Grunderneuerung.

Großenkneten-Huntlosen, Bahnhofstraße

Großenkneten-Huntlosen, Bahnhofstraße

Kirchhatten

St. Ansgar

Hatten-Kirchhatten I, Marktplatz

Kirche mit einschiffigem, flachgedeckten (Holzbalkendecke des vorletzten Jahrzehnts des 19. Jahrhunderts) **Langhaus** (Reste von Feldsteinmauerwerk; Backstein; Südportal von 1718 unter skulpturiertem Sandsteinrelief; ziegelgedecktes Satteldach) **von der Wende des 14. zum 15. Jahrhundert, mit eingezogenem, ursprünglich-gewölbten** (zwei Joch: Kreuzrippengewölbe) **und gerade-schließenden Chor** (Reste von Feldsteinmauerwerk; Backstein; Stützpfeiler an Nordost- und Südostecke; eine Chorstufe) **und mit ursprünglichem Westturm** (Reste von Feldsteinmauerwerk; Backstein, ziegelgedeckter Turmhelm mit Glockenerker an Ostwalm)

Baugeschichte: Im Jahre 1195 wird der Entschluß gefaßt, eine Feldsteinkapelle zu errichten. Diese Kapelle, von der heute noch Reste zeugen, ist als Vorgängerbau des gegenwärtigen Kirchenbaues zu bezeichnen, nämlich jenes um das Jahr 1400 errichteten - die Kapelle wird abgetragen und das Abbruchmaterial beim Neubau wiederverwendet - bereits ursprünglich gewölbten (zwei Joch: Kreuzrippengewölbe) und einschiffigen Langhauses mit bereits ursprünglich-gewölbtem (zwei Joch: Kreuzrippengewölbe), eingezogenen und gerade-schließenden Chor wie auch mit Westturm. Im Jahre 1493 verursacht ein Brand beträchtlichen Schaden; die Schadensbeseitigung hat erst im Jahre 1504 als abgeschlossen zu gelten.

Im Jahre 1682 stürzen die beiden Langhausgewölbe ein. Die Gewölbereste werden abgetragen, und der obere Abschluß des Langhauses wird nunmehr von einer alsbald eingezogenen Holzbalkendecke (dekorative Bemalung: 1745) bewältigt. Das Südportal erfährt im Jahre 1718 eine Umgestaltung (Sandsteinrahmen; skulpturiertes Sandsteinrelief). In den Jahren zwischen 1850 und 1900 wird die mutmaßlich im 18. Jahrhundert eingetiefte Fensteröffnung in der ostwärtigen Chorabschlußwand wieder geschlossen; außerdem werden die unteren Mauerverbände von Langhauswestwand und Turmostwand zugunsten eines neuen Turm-Westportals durchbrochen. Während der Nachfolgezeit werden unerläßliche Verbesserungs- und Wiederherstellungsmaßnahmen ergriffen.

Hatten-Kirchhatten I, Marktplatz

Langförden

St. Laurentius

Vechta-Langförden, Lange Straße

Westturm (Feldstein; Granit; Sandstein; Backsteinverbesserungen; vermauertes ursprüngliches Westportal; ehemaliger Durchgang zum ehemaligen Langhaus (heute: Portal einer Gedenkstätte im Turmuntergeschoß); schindelgedeckter Turmhelm) **des beginnenden 13. Jahrhunderts:** Baudenkmal zur Erinnerung an den Vorgängerbau III der in unmittelbarer Nähe angesiedelten Kirche von 1910/12

Baugeschichte: Der Vorgängerbau I - ein Holzbau ? - wird in den Jahren um 850 auf Betreiben der Missionszelle Visbek errichtet. Dieser Vorgängerbau I weicht dem entweder im Jahre 1011 oder im Jahre 1038 dem - von Corvey angeregten ? - Vorgängerbau II, der zwar wie der Vorgängerbau I eine Kapelle, aber kein Holz-, sondern ein Steinbau gewesen sein dürfte. Kurz nach 1200 wird der Vorgängerbau II ganz oder teilweise abgetragen; ihn ersetzt zur vorgenannten Zeit ein neuerrichteter Feldstein-Granit-Bau mit Langhauses, Apsis und Westturm, ein Bauwerk, dem nicht nur der eigentlich gemeinte Westturm entstammt, sondern dem auch die Eigenschaft eines Vorgängerbaues III zuerkannt werden muß, wenn die Gegenwart angemessen berücksichtigt wird. Urkundlich belegbar sind für den Vorgängerbau III: Abtragung der Apsis, Ansetzen eines bereits ursprünglich gewölbten Chores (mit neuer Apsis ?); ein Joch: Domikalgewölbe (?) und Einwölbung (drei Joch: Domikalgewölbe (?)) des Langhauses; die entsprechenden urkundlichen Belege entstammen den Jahren 1237, 1252 und 1283.

Die neuzeitliche Bautätigkeit bis zum Anfang des 20. Jahrhunderts ist urkundlich nicht abgesichert, und dies, obgleich es genügend Hinweise (u. a. Verputz der Langhauswände) zu geben scheint, die zur Annahme berechtigen, daß die unterschiedlichsten Erhaltungs- und Verbesserungsmaßnahmen ergriffen worden sind. Erst das Jahr 1910 liefert wieder sichere Belege: Der Vorgängerbau III wird - bis auf den Westturm abgetragen, weil ein Kirchenneubau in den Jahren zwischen 1910 und 1912 errichtet wird.

Vechta-Langförden, Lange Straße

Langwarden

St. Laurentius

Butjadingen-Langwarden, Butjadinger Straße

Kirche mit einschiffigem, flachgedeckten (Holzbalkendecke des ausgehenden 3. Viertels des 16. Jahrhunderts) **Langhaus** (Tuffstein; Backsteinverbesserungen; ziegelgedecktes Satteldach) **der 2. Hälfte des 12. Jahrhunderts, mit** flachgedeckter (Holzbalkendecke wie über ursprünglichem Langhaus) **Langhaus-Osterweiterung** (ehemalige Vierung mit erhaltenen Vierungsbögen (3); Backstein; Stützpfeiler stehengebliebene Querhaus-Wandteile; Langhausdach-Verlängerung) **des 4. Viertels des 13. Jahrhunderts, mit gewölbter** (Nischengewölbe des 15. (?) Jahrhunderts) runder (Ost-)**Apsis** (Backstein; kupfergedecktes Zeltdach) **des 11./12. Jahrhunderts** und mit Westturm (Tuffstein; Sandstein-Gliederung; kupfergedeckter Spitzhelm) des beginnenden 20. Jahrhunderts

Baugeschichte: In den Jahren um 1100 wird lt. Grabungsbefund von 1855 eine steinerne Kapelle mit runder (Ost-)Apsis errichtet, mit einer Apsis, die bis in die Gegenwart - wenngleich in stark restaurierter Form - erhalten geblieben ist. Die vorgenannte Kapelle übernimmt, nachdem ein gegen 1170/80 errichtetes regelrechtes Tuffstein-Langhaus den Kapellenraum nach Westen erweitert und unvergleichlich vergrößert hat, die Funktion eines Chores. Um 1250 wird dem Langhaus ein Westturm angesetzt. Gegen 1280/90 wird der Chor (= ehemalige Kapelle) abgetragen, da zwischen Langhaus und (Ost-)Apsis ein Querhaus eingeschoben wird. Dies bedeutet, daß anstelle des ehemaligen Chores, d. h. dort, wo sich Lang- und Querhaus durchdringen, eine Vierung entsteht und daß der Kirchengrundriß nunmehr der Form eines Andreaskreuzes gleichkommt. Für die Jahre zwischen 1418 und 1420 ist Bautätigkeit belegt.

Im Jahre 1556 verursacht Kriegseinwirkung erhebliche Schäden an allen Baugliedern. Die Wiederherstellungsarbeiten - dauern bis zum Jahre 1572 an. Es wird eine erste (?) flache Holzbalkendecke eingezogen. Im Jahre 1844 werden die Querhausarme bis auf vier stehenbleibende Querhaus-Wandteile abgetragen; die nördlich und südlich klaffenden Mauerlücken werden in Langhausfluchtlinie geschlossen, und die ehemalige Vierung gewinnt chorähnlichen Charakter, wenngleich die Vierungsbögen (3) erhalten bleiben. In den Jahren zwischen 1901 und 1903 werden Westturm und Langhaus-Westwand zwar abgetragen, aber nur, um alsbald einen neuen Westturm (1902) und eine neue Langhaus-Westwand errichten zu können, und zwar auf den Fundamenten des um mehr als sieben Meter im Westen verkürzten Langhauses. Zwischen 1972 und 1975 werden Langhaus und Apsis in wiederherstellendem Sinne erneuert.

Butjadingen-Langwarden, Butjadinger Straße

Lemwerder

St. Maria

Lemwerder, Kapellenweg

Gerade-schließende, flachgedeckte (Holzbalkendecke der beginnenden 2. Hälfte des 17. Jahrhunderts) **Kapelle** (Backstein; Stützpfeiler; ziegelgedecktes Satteldach) **der beginnenden 2. Hälfte des 15. Jahrhunderts** mit flachgedeckter (Holzbalkendecke wie über Kapellenraum) Westerweiterung (Backstein; Kapellendachverlängerung mit Westwalm) der beginnenden 2. Hälfte des 17. Jahrhunderts und mit bescheidenem Westturm (Backstein; ziegelgedecktes Satteldach) der beginnenden 2. Hälfte des 17. Jahrhunderts

Baugeschichte: Als Stiftungsjahr wird 1456 angegeben. Vermutlich ist das Stiftungsjahr dem Baubeginn der ursprünglich wohl im Dachstuhl offenen Backsteinkapelle mit geradem Schluß gleichzusetzen.

Im Jahre 1652 wird die Kapelle nach Westen erweitert, d. h. die überkommenen Mauerverbände von massiver Kapellennord- und -südwand werden verlängert, während die überkommene Kapellenwestwand abgetragen wird, um in einiger Entfernung im Westen „dünnwandig" wiederaufgemauert zu werden. Die an der Kapellennordwand bei dieser Bautätigkeit entstandenen Schäden werden dadurch behoben, daß überkommen-massives durch dünnwandiges Mauerwerk ersetzt wird; überdies wird bei dieser Gelegenheit eine flache Holzbalkendecke eingezogen und der bescheidene Westturm der neuerrichteten Westerweiterung angesetzt. Während der Nachfolge-Epochen werden unterschiedlich-umfangreiche Verbesserungsmaßnahmen ergriffen.

Lemwerder, Kapellenweg

Middoge

Wangerland 1-Middoge, Häuptlingsstraße

Kirche mit einschiffigem, flachgedeckten (Holzbalkendecke der Mitte des 17. Jahrhunderts) **Langhaus** (d. i. ehemalige Kapelle; Backstein; ziegelgedecktes Satteldach) **der 2. Hälfte des 15. Jahrhunderts** mit leicht-eingezogenem, ursprünglich-flachgedeckten (Holzbalkendecke) und polygonal-schließenden (drei Seiten eines Achtecks) Chor (Backstein; Stützpfeiler; Langhausdach-Verlängerung mit Abwalmungen) der Mitte des 17. Jahrhunderts und mit Westturm (fast-unmerklich in Langhaus eingestellt, Backstein; schiefergedecktes, schwingendes Helmdach) der Mitte des 17. Jahrhunderts.

Baugeschichte: In den Jahren zwischen 1455 und 1498 wird eine mutmaßlich im Dachstuhl offene Backsteinkapelle, die zum Langhaus der heutigen Kirche werden soll, errichtet; sie weist weder Chor noch Apsis und Turm auf.

Um das Jahr 1650 wird nach Öffnung der Kapellenostwand der bestehende Sakralraum durch einen leicht-eingezogenen, mit einer flachen Holzbalkendecke nach oben geschlossenen Chor mit polygonalem Schluß erweitert (Osterweiterung), der bislang offene Dachstuhl über dem Kapellenraum in eben derselben Weise wie der angesetzte Chor nach oben geschlossen und der Westturm errichtet. Kurz vor 1800 wird die einsturzgefährdete Westwand abgetragen und neuaufgemauert. Überdies werden die inzwischen aufgetretenen Schäden an Mauerwerk und Helmverdachung des Westturmes behoben. Um 1960 wird der Chor nebst Stützpfeilern teilweise abgetragen und neuaufgemauert. Erneuerung der Dächer in den Jahren um 1980.

Wangerland 1-Middoge, Häuptlingsstraße

Minsen

St. Severinus

Wangerland 1-Minsen, Kirchstraße

Kirche mit einschiffigem, flachgedeckten (Holzbalkendecke des vorletzten Jahrzehnts des 20. Jahrhunderts) **Langhaus** (Granit; Backstein (vornehmlich Langhausnordwand und -westwand); ziegelgedecktes Satteldach) **des beginnenden 13. Jahrhunderts, mit ursprünglicher gewölbter** (Nischengewölbe des 15. Jahrhunderts) runder (Ost-)**Apsis** (Granit; Backsteinverbesserungen; ziegelgedecktes Zeltdach) **und mit freistehendem Glockenhaus** (Backstein; ziegelgedecktes Satteldach) **der Mitte des 15. Jahrhunderts**

Baugeschichte: In den ersten Jahren nach 1200 wird der einschiffige, wahrscheinlich im Dachstuhl offene Granitbau mit runder (Ost-)Apsis errichtet. Um das Jahr 1450 werden Langhausnordwand und -westwand durch Backsteinmauerverbände stabilisiert oder - falls notwendig - teilweise ersetzt. Überdies wird das Langhaus gleichzeitig mit einer flachen Holzbalkendecke nach oben geschlossen, wohingegen die Apsis eingewölbt wird.

In der Zeit um 1880 werden vermutlich ähnliche Verbesserungsarbeiten unternommen wie in der 1. Hälfte des 20. Jahrhunderts. In der 2. Hälfte des 20. Jahrhunderts, um 1985, wird der Dachstuhl über dem Langhaus neuerrichtet, die flache Holzbalkendecke erneuert und sämtliche Dächer werden neueingedeckt.

Wangerland 1-Minsen, Kirchstraße

Neuende

St. Jacobus

Wilhelmshaven, Kirchreihe

Kirche mit einschiffigem, ursprünglich-flachgedeckten (Holzbalkendecke) **Langhaus** (Reste von Granitmauerwerk; Backstein; ziegelgedecktes Satteldach) **des 4. Viertels des 15. Jahrhunderts, mit eingezogenem, flachgedeckten** (Holzbalkendecke wie über Langhaus) **Chor** (= ehemalige Kapelle; Granit; Backsteinverbesserungen; ziegelgedecktes Satteldach; zwei Chorstufen) **des beginnenden 2. Drittels des 13. Jahrhunderts, mit flachgedeckter** (Holzbalkendecke des 4. Viertels des 15. Jahrhunderts) runder (Ost-)**Apsis** (Granit; Backsteinverbesserungen; ziegelgedecktes Zeltdach) **des beginnenden 2. Drittels des 13. Jahrhunderts und mit Westturm** (Reste von Granitmauerwerk; Backstein; bleiverdachter, schwingender Spitzhelm) **des 4. Viertels des 15. Jahrhunderts**

Baugeschichte: Im Jahre 1234 wird eine Granitkapelle mit runder (Ost-)Apsis erbaut. Vermutlich plant man seit 1412, die vorgenannte Kapellenanlage nach Westen zu erweitern. Ob die urkundlichen Erwähnungen von 1420, 1424 und 1432 im Planungs- oder Neubauzusammenhang gesehen werden müssen, ist fraglich. Nicht fraglich dagegen ist, daß die Westerweiterung im Jahre 1483 beendet werden kann: Das ursprünglich-flachgedeckte Langhaus ist ebenso errichtet wie der Westturm. Dies bedeutet, daß der ehemaligen Kapelle nunmehr Chorfunktion beizumessen ist, wohingegen die Apsis ihre ursprüngliche Funktion beibehält.

Im Jahre 1595 wird die Kirche anläßlich einer nicht näher bezeichneten Bautätigkeit urkundlich erwähnt. Gegen Ende des 18. Jahrhunderts wird das Hauptportal mit einer stilistisch-überholten Rahmenarchitektur umgeben. In der 2. Hälfte des 19. Jahrhunderts werden umfangreiche Erhaltungs- und Verbesserungsarbeiten durchgeführt. Im Jahre 1956 werden Wiederherstellungsmaßnahmen ergriffen. Die Erneuerungsarbeiten von 1974/75 richten sich vornehmlich auf die Verdachungen von Chor und Apsis. Gleichzeitig wird überdies die Rahmenarchitektur des Hauptportals beseitigt. Die 1990/91 ergriffenen Wiederherstellungsmaßnahmen nehmen sich besonders des Westturmes an.

Wilhelmshaven, Kirchreihe

Neuenhuntorf

St. Paulus - heute: St. Maria

Berne-Neuenhuntorf, Neuenhuntorfer Straße

Kirche mit einschiffigem, flachgedeckten (Holzbalkendecke des ausgehenden 17. Jahrhunderts) **und gerade-schließenden Langhaus** (Backstein; Stützpfeiler; ziegelgedecktes Satteldach) **des 9. Jahrzehnts des 15. und des beginnenden 16. Jahrhunderts** und mit Westturm (kein vollkommener Schluß mit Langhaus-Westwand; Backstein; schiefergedeckter Spitzhelm) des beginnenden 2. Drittels des 18. Jahrhunderts

Baugeschichte: Die gegenwärtig-erscheinende Kirche ist im Jahre 1489 als Backsteinkapelle mit geradem Schluß errichtet worden. Die Kapelle mit mutmaßlich ursprünglich offenem Dachstuhl wird im Jahre 1502 nach Westen erweitert, und zwar durch Öffnung der Kapellenwestwand, Verlängerung von Kapellennord- und -südwand wie auch durch Errichtung einer nach Westen verschobenen neuen Westwand. Anläßlich solcher, mit Bedeutungsgewinn verbundenen Westerweiterung faßt man den - nicht verwirklichten - Entschluß, das soeben entstandene Langhaus mit einer Wölbung zu vier Joch (Kreuzrippengewölbe) nach oben zu schließen.

Im Jahre 1691 wird in mäßigem Abstand von der Langhaus-Westwand ein hölzerner Glockenturm errichtet und gleichzeitig eine flache Holzbalkendecke, die nur wenig später mit dekorativer Malerei versehen wird, eingezogen. Den hölzernen Glockenturm ersetzt ein in den Jahren zwischen 1736 und 1739 errichteter, aus Backstein aufgemauerter Glockenturm. Zwischen 1790 und 1800 wird das Mauerwerk des Glockenturmes verbessert. Umfassende Verbesserungs- und Wiederherstellungsmaßnahmen werden in den Jahren zwischen 1977 und 1985 ergriffen.

Berne-Neuenhuntorf, Neuenhuntorfer Straße

Oldenburg

St. Gertrud

Oldenburg, Nadorster Straße

zunächst: Bethaus des Armen- und Siechenhauses vor dem Heiligen-Geist-Tore, dann (bis heute): Friedhofskapelle

Ursprünglich-gewölbte (ein Joch: Kreuzrippengewölbe) **Kapelle** (Backstein; Stützpfeiler; ziegelgedecktes Satteldach (flachere nördliche Seitenneigung: Nordanbau (ausgehendes 1. Jahrzehnt des 20. Jahrhunderts) in Verdachung einbezogen) **des ausgehenden 1. Drittels des 15. Jahrhunderts, mit ursprünglichem, polygonalen** (drei Seiten eines Achtecks) **und ursprünglich-gewölbten** (Rippen-Schlußgewölbe) **Schluß** (Backstein; Stützpfeiler; ziegelgedeckte Abwalmungen) **und mit ursprünglichem Westturm** (Backstein) kupfergedeckter Spitzhelm; Obergeschoß mit Schallöffnungen: 8./9. Jahrhunderts des 15. Jahrhunderts)

Baugeschichte: Der Vorgängerbau - es ist das zum Armen- und Siechenhaus gehörige Bethaus (Fachwerk?) - wird in der Zeit um 1380/90 errichtet. Dieser Vorgängerbau wird abgetragen, nachdem man sich entschlossen hat, die auf die Gegenwart überkommene Kapelle zu erbauen. Der Neubau erfolgt - ohne Funktionsverlust - in den Jahren um 1430, und zwar als bereits ursprünglich-gewölbter Backsteinbau mit polygonalem Schluß und Westturm. Um 1480 wird der Westturm erhöht; dabei hat die Neuverdachung des Turmes als gesichert zu gelten, wohingegen die Neuverdachung der Kapelle zweifelhaft bleibt.

In den Jahren um 1645 verliert die Kapelle ihre eigentliche Bestimmung als Bethaus; sie wird Friedhofskapelle (ab 1791: Bedeutungsgewinn durch Aufhebung des Friedhofes an der Lambertikirche). Die Erhaltungsarbeiten des 19. Jahrhunderts beschränken sich auf Verbesserungen. Im Jahre 1910 werden neben Restaurierungsarbeiten, die sich auf den Innenraum (Fresken des ausgehenden 15. Jahrhunderts) richten, erhebliche Verbesserungen vorgenommen, und zwar u. a. Errichtung eines Anbaues (Kapellennordseite), Vermauerung und Teilvermauerung von Fensteröffnungen, Eintiefen neuer Fensteröffnungen (z. B. halbrundes Fenster an Südseite), Neuverdachung und Neuverglasung. Nach wiederum vornehmlich auf den Innenraum gerichteten Wiederherstellungsarbeiten der Sechzigerjahre des 20. Jahrhunderts werden in den Jahren 1986 und 1987 (nach Schwelbrand im Innenraum) umfassende Verbesserungen vorgenommen.

Oldenburg, Nadorster Straße

Oldenburg

Lappan

Oldenburg, Lange Straße

Westturm der ehemaligen Heiligen-Geist-Kapelle: **„Lappan"** = Wahrzeichen des „bürgerlichen Oldenburg" (Lappan: vom niederdeutschen anlappen = ansetzen; folglich: Lappan = (später) angesetzter Turm; Backstein; kupfergedeckte Haube (mit Holztambour unter kupfergedecktem Spitzhelm) des 2. Jahrzehnts des 18. Jahrhunderts; vermauerte Fensteröffnungen; vermauerter ebenerdiger Läuteboden; veränderte Portalöffnung) **des 3. Viertels des 15. Jahrhunderts**, aber auch des ausgehenden 1. und beginnenden 2. Jahrzehnts des 18. Jahrhunderts

Baugeschichte: An der Nordgrenze der Neustadt (Ausbaubeginn 1355) wird im Jahre 1356 das Bethaus (Fachwerk) des gleichzeitig erbauten Armen- und Siechenhauses zum Heiligen Geist errichtet. Eine im Jahre 1396 erbaute, entweder mit im Dachstuhl offener oder aber mit einer flachen Holzbalkendecke nach oben geschlossene und gerade-schließende Backsteinkapelle ersetzt dieses Bethaus. In den Jahren 1467 und 1468 wird der Kapelle der auf die Gegenwart überkommene Westturm angesetzt.

Im Jahre 1581 wird das Armen- und Siechenhaus zum Heiligen Geist aufgegeben, und zwar zugunsten eines neuerrichteten Armen- und Siechenhauses vor dem Heiligen-Geist-Tore (St. Gertrud). Dies bedeutet: Profanierung der Heiligen-Geist-Kapelle; das Kapellengebäude wird Unterkunft der Stadtsoldaten, der Westturm „Wachtturm". Beide Bauglieder werden vom Großen Stadtbrand (1676) teilzerstört. Der Wiederaufbau erfolgt - nach wiederholter Aufforderung durch die Landesbehörde - in den Jahren zwischen 1709 und 1712. Anstelle des ohnehin profanierten Kapellengebäudes entsteht eine Behausung für Stadtdiener; der um ein Geschoß erhöhte und mit einer sog. Welschen Haube versehene Westturm erhält neben der überkommenen Funktion nunmehr auch die Funktion eines Wahrzeichens zuerkannt. In den Jahren 1801 und 1802 (Umgestaltung des Heiligen-Geist-Tores durch Neubauten) wird das Backsteinmauerwerk des Westturmes verputzt. Ab ungefähr 1830 setzt wegen Bedeutungsverlustes der Verfall des Gesamtkomplexes ein. Diesem Verfall kann erst Einhalt geboten werden (angemessen-merkantile Nutzung) in den Jahren 1909 und 1919 (Umbau- und Verbesserungsarbeiten). Die Bautätigkeit des Jahres 1934 gipfelt in der Beseitigung jener Putzschicht, die das Backsteinmauerwerk des Westturmes seit Beginn des 19. Jahrhunderts verborgen hat. Die Wiederherstellungsarbeiten der Sechzigerjahre des 20. Jahrhunderts richten sich ebenso wie die von 1988 bis 1990 ergriffenen Maßnahmen eindeutig auf die Kupferneueindeckung des Turmes.

Oldenburg, Lange Straße

Oldorf

St. Marien

Wangerland 1-Oldorf, Neuwarfer Straße

Kirche mit einschiffigem, flachgedeckten (Holzbalkendecke des ausgehenden 3. Viertels des 18. Jahrhunderts mit Teilverbesserungen der jüngsten Vergangenheit) **Langhaus** (Granitfundament; Reste von Granitmauerwerk; Backstein; ziegelgedecktes Satteldach) **des 13., aber auch der 2. Hälfte des 15. Jahrhunderts, mit polygonal-schließender** (drei Seiten eines Achtecks) flachgedeckter (Holzbalkendecke wie über Langhaus) **chorähnlicher Osterweiterung** (im Inneren: ehemaliger Schildbogen der 2. Hälfte des 15. Jahrhunderts) **von der Wende des 15. Jahrhunderts zum 16. Jahrhundert und mit freistehendem Glockenturm** (Backstein; ziegelgedecktes Helmdach) **von der Wende des 15. Jahrhunderts zum 16. Jahrhundert**

Baugeschichte: Noch vor 1280 wird ein wahrscheinlich im Dachstuhl offener Granitbau - mit Apsis (?) - errichtet, ein einschiffiger Bau, der in der 2. Hälfte des 15. Jahrhunderts seine Erscheinungsform grundsätzlich ändern soll: Zwar wird zur vorgenannten Zeit das überkommene Fundament ebenso wiederverwendet wie das noch verwertbare Granitmaterial, aber dennoch wird letztendlich ein neuer, polygonal-schließender, bereits ursprünglich-gewölbter einschiffiger Backsteinbau errichtet, der gegen 1490 fertiggestellt und neu-geweiht wird. Aber schon bald nach Fertigstellung und Neuweihe ergibt sich in den Jahren zwischen 1490 und 1510 die zwingende Notwendigkeit, sowohl die Gewölbe als auch den polygonalen (Ost-)Schluß abzutragen, wobei bemerkt werden muß, daß von der Gewölbezone lediglich der nach Osten gerichtete Gurtbogen des Langhaus-Ostgewölbes erhalten bleibt, da ihm bei Anfügung einer neuen, schiffsverlängernden, zweistufig-erhöhten, chorähnlichen und wiederum polygonal-schließenden Osterweiterung triumphbogenartiger Charakter zuerkannt wird. In unmittelbarem Zusammenhang mit der vorerwähnten Bautätigkeit steht die gleichzeitige Errichtung des freistehenden Glockenturmes.

Weitere Angaben, die zur Erhellung der Baugeschichte des gesamten 16. Jahrhunderts, des gesamten 17. Jahrhunderts und der 1. Hälfte des 18. Jahrhunderts beitragen könnten, liegen nicht vor. Erst 1768 wird wieder eine erste verläßliche Nachricht beigebracht. Daß diese erste verläßliche Nachricht der einzige Beleg für die baulichen Aktivitäten des gesamten 18. Jahrhunderts bleibt, ist nicht zuletzt der wenig-kirchenfreundlichen Geisteshaltung des absolutistisch- und rationalistisch-geprägten Ancien Régime anzulasten, und zwar

106

selbst dann, wenn der vorliegende Fall eines baulichen Eingriffs das Gegenteil zu beweisen scheint: Es gibt nämlich Situationen, die mit Angleichung an den Zeitgeist nicht zu bewältigen sind; hier ist nur noch spontane Reaktion hilfreich. Eine solche Situation ist im Jahre 1768 gegeben: Die Langhauswestwand droht einzustürzen, d. h. man muß sie abtragen und neuaufmauern. Damit aber nicht genug: Als Folgemaßnahme von Abtrag und Wiederaufmauerung ergibt sich, entweder die der Zeit um 1500 entstammende flache Holzbalkendecke zu erneuern oder aber eine gänzlich neue flache Holzbalkendecke - erstmalig? - einzuziehen. Wie die Dokumentation zur Baugeschichte des 16. und 17. Jahrhunderts so ist auch die Dokumentation zur Baugeschichte des 19. Jahrhunderts als völlig unzureichend zu bezeichnen, und zwar selbst dann, wenn angenommen wird, daß die baufreudige historisierende 2. Hälfte des letztgenannten Jahrhunderts bauliche Eingriffe vorgenommen habe. Im 20. Jahrhundert bessert sich die Dokumentationslage - ohne sie allerdings deshalb bereits als vollkommen betrachten zu können: Im Jahre 1902 wird das Mauerwerk des Kirchengebäudes verbessert und der freistehende Glockenturm neuverdacht, in der Zeit zwischen den beiden Weltkriegen werden entstandene Schäden beseitigt, und in der jüngsten Vergangenheit werden umfangreiche Erhaltungs- und Wiederherstellungsmaßnahmen ergriffen.

Wangerland 1-Oldorf, Neuwarfer Straße

Wangerland 1-Oldorf, Neuwarfer Straße

Oythe
St. Maria

Vechta-Oythe

Kirche mit gewölbtem, (drei Joch: Domikalgewölbe des 3. Viertels des 13. Jahrhunderts) **Langhaus** (Feldstein; Granit, Backsteinverbesserungen; ziegelgedecktes Satteldach, Südportalvorbau (Backstein; ziegelgedecktes Satteldach) des ausgehenden 1. Viertels des 20. Jahrhunderts) **des ausgehenden 12. und des 3. Viertels des 13. Jahrhunderts, mit Querhausansätzen** (: in Vierungsbogentiefe; Granit; ziegelgedeckte Schleppdächer) **des 3. Viertels des 13. Jahrhunderts, mit zum Chor** (zwei Chorstufen) **erhobener, ursprünglich-gewölbter** (Domikalgewölbe) und nach Osten abgeschlossener **Vierung** (Verlängerung des Langhausdaches mit ostwärtigem Krüppelwalm) **des 3. Viertels des 13. Jahrhunderts**, mit Sakristei, d. i. fünfseitiger chorähnlicher und nach Osten schließender Anbau (Backstein unter Putz; ziegelgedecktes Zeltdach): unterirdische Grabstätte des Hauses Füchtel - Freiherren von Elmendorff, seit 1856: gräfliches Haus von Merveldt) des ausgehenden 1. Viertels des 20. Jahrhunderts **und mit Westturm** (Granituntergeschoß; Backsteinobergeschosse (2); schindelgedecktes Helmdach) **des 3. Viertels des 13. Jahrhunderts,** aber auch des ausgehenden 3. Viertels des 18. Jahrhunderts

Baugeschichte: Kurz vor 1200 wird - die Gemeindegründung ist vermutlich von Corvey aus erfolgt - ein einschiffiger, wahrscheinlich im Dachstuhl offener Feldsteinbau mit runder (Ost-) Apsis errichtet. Dieser Feldsteinbau mit Apsis wird während der Jahre um 1270/80 umgebaut: Nach Teilabtragung der Langhauswände und nach völliger Abtragung der Apsis werden zunächst die Langhauswände mit Granitmauerwerk verstärkt, ummantelt, neuaufgemauert und erhöht, dann wird das Langhaus mit drei Domikalgewölben nach oben geschlossen; schließlich wird ein neuerrichtetes und bereits ursprünglich-gewölbtes (Domikalgewölbe) Querhaus (Granit) mit ursprünglich-gewölbter Vierung nebst Chor und Apsis als Osterweiterung angefügt, während gleichzeitig der Westturm an das Langhaus angesetzt wird. Entweder im 14. oder im 15. Jahrhundert wird der Chorbereich verändert, d. h. der überkommene Chor samt Apsis wird abgetragen und von einem polygonal-schließenden Chor ersetzt.

1770/71 wird das Westturmobergeschoß - wegen Mangels an Stabilität ? - nebst Helm abgetragen, aber sogleich - allerdings nunmehr in Backstein - neuaufgeführt, und zwar derartig, daß es zum Träger eines neu-konstruierten (fast-)oktogonalen (2.) Obergeschosses samt Helm wird. In den Jahren um 1840 werden die Querhausarme bis in unmittelbare Nähe der Vierungs(gurt)bögen abgetragen; die entstandenen Baulücken werden alsbald mit Granitabbruchmaterial geschlossen. Bemerkenswerte Bautätigkeit entwickelt die Zeit zwischen 1921 und 1925: Zunächst werden Verbesserungsarbeiten, die sich vornehmlich des polygonal-schließenden Chores annehmen, bewältigt, jedoch erweist sich dann sehr bald, daß ausgerechnet jene auf den Chor gerichteten Arbeiten das gesteckte Ziel nicht erreichen werden, man sieht sich gezwungen, den Chor abzutragen, die Vierung nach Osten - unter unzulänglicher Giebelgestaltung - zu schließen und die ostwärtige Hälfte der Vierung zum Chor zu erheben, während man gleichzeitig, um den Kirchenbau im Osten wenigstens chorähnlich-polygonal schließen zu können, den Sakristeianbau über der Begräbnisstätte neuerrichtet (1925), und zwar ebenso neuerrichtet wie den Portalvorbau an der Südseite des Langhauses. Während der Nachfolgezeit werden, und zwar bis in die jüngste Vergangenheit, angemessene Verbesserungsmaßnahmen ergriffen.

Vechta-Oythe

Vechta-Oythe

Pakens
Zum heiligen Kreuz

Wangerland 3-Pakens

Kirche mit einschiffigem, ursprünglich-gewölbten (drei Joch: Domikalgewölbe) **und gerade-schließenden** (ohne ausgewiesenen Chor) **Langhaus** (Granit; Backsteinverbesserungen; ziegelgedecktes Satteldach) **des ausgehenden 3. Viertels des 13. Jahrhunderts, mit ursprünglicher, aber nachträglich-gewölbter** (Schlußgewölbe des ausgehenden 15. Jahrhunderts) runder (Ost-)**Apsis** (Unterzone: Granit, Oberzone: Backstein; ziegelgedecktes Kegeldach) **und mit freistehendem Glockenhaus** (Backstein; ziegelgedecktes Satteldach) **des beginnenden 16. Jahrhunderts**

Baugeschichte: In den Jahren um 1270 wird der einschiffige Granit-Wölbebau mit runder (Ost-)Apsis errichtet. Gegen 1490 müssen - nach Gewölbeeinsturz oder nach Beschädigung durch Kriegseinwirkung ? - Wandoberzone und Apsisgewölbe wiederaufgemauert werden. Das freistehende Glockenhaus wird im Jahre 1505 erbaut.

Die einsturzgefährdete Langhauswestwand wird im Jahre 1782 abgetragen und neuaufgemauert. Umfassende Verbesserungs- und Wiederherstellungsmaßnahmen werden 1960/61 ergriffen; diese Maßnahmen richten sich besonders auf das freistehende Glockenhaus, d. h. seine Mauerverbände werden abgetragen und neuaufgeführt, und in seinem Untergeschoß wird eine Leichenhalle eingerichtet. Im Jahre 1969 wird die Bausubstanz der gesamten Kirchenanlage einer wiederherstellenden Verbesserung unterzogen.

Wangerland 3-Pakens

Rastede

St. Ulrich mit St. Annenkrypta

Rastede, Denkmalsplatz

Kirche mit einschiffigem, flachgedeckten (Holzbalkendecke des ausgehenden 17. Jahrhunderts) **Langhaus** (Feldstein; Granit; Backstein; Stützpfeiler; ziegelgedecktes Satteldach) **von der Wende des 12. Jahrhunderts zum 13. Jahrhundert, aber auch des 14. Jahrhunderts, mit** flachgedeckter (Holzbalkendecke wie über Langhaus), **polygonal-schließendem** (drei Seiten eines Achtecks), den Charakter einer Osterweiterung tragenden **Chor** (Granit; Backstein; Stützpfeiler; Verlängerung des Langhausdaches mit Abwalmungen; fünf Chorstufen) **des 15. Jahrhunderts, mit Krypta** (Feldstein; Sandstein; Kreuzgratgewölbe (drei mal drei = neun); vier Säulen mit Würfelkapitellen; pilasterähnliche Wandvorlagen) **der Mitte des 11. Jahrhunderts, mit Westturm** (Granit; Backstein; ziegelgedecktes Helmdach; Uhr-Erker an Westwalm) **des 13. und 14. Jahrhunderts,** aber auch des 16., 17. und 18. Jahrhunderts **und mit freistehendem Glocken- und Torhaus** (Backstein; ziegelgedecktes Satteldach) **des ausgehenden 15. Jahrhunderts**

Baugeschichte: Die Gemeinde ist Filiation von Wiefelstede. Die aus Oberkirche und Unterkirche bestehende Anlage (saal- oder kapellenartiger Bau mit runder (Ost-)Apsis und Krypta) wird im Jahre 1059 geweiht. Der Bau überschreitet die von der Krypta (Fundamentierungsfunktion) vorgegebenen Grenzen nur sehr geringfügig in westliche Richtung. In den Jahren um 1200 erfährt der Bau mit apsidialem Schluß eine bemerkenswerte Westerweiterung, d. h. man errichtet - und dabei benutzt man dasselbe Material wie im 11. Jahrhundert, nämlich Feldstein - jenes Langhaus, dem gegen 1220/30 der Westturm angefügt wird. Dies bedeutet, daß die Anlage nunmehr aus Krypta, Chor (d. i. der ehemalige saal- oder kapellenartige Bau), Apsis, Langhaus und Westturm besteht. In der Zeit um 1250/60 unternimmt man den Versuch, zumindest das bislang im Dachstuhl offene Langhaus einzuwölben (Domikalgewölbe?). Doch der Wölbeversuch schlägt fehl. Erst dem im 14. Jahrhundert neuerlich unternommenen Wölbeversuch ist Erfolg beschieden: Nach Erhöhung von Westturm und Langhauswänden - in Langhausnord- und Langhaussüdwand werden größere Fensteröffnungen in zeitgemäßer Umrißführung gebrochen - wird das Langhaus mittels dreier Kreuzrippengewölbe nach oben geschlossen. Im 15. Jahrhundert trägt man den bislang Chorfunktion innehabenden saal- oder kapellenartigen Bau samt Apsis, d. h. die oberirdische Urzelle ab, um sie durch den bereits ursprünglich-gewölbten (ein

Joch: Kreuzrippengewölbe = 4. Joch nebst Rippen-(Schluß-)Gewölbe) und polygonal-schließenden Chor zu ersetzen, durch einen Chor, der zwar Osterweiterung meint, aber dennoch nicht über die Apsis-Ostbegrenzung hinausreicht, aber möglicherweise den Ostschluß der Krypta beeinträchtigt. Kurz vor 1500 - und damit sind die mittelalterlichen Aktivitäten beendet - wird das freistehende Glocken- und Torhaus erbaut.

Baugeschichtlich wichtiger als der Funktionsgewinn der Krypta - sie wird in den Jahren um 1530 zur Grablege und fällt dadurch in den Zuständigkeitsbereich der Landesherren - ist die Tatsache, daß der Westturm im Jahre 1599 nachhaltig verbessert wird. Im Jahre 1653 wird der Westturm wiederum verbessert; diesmal sind besonders Helm und Obergeschoß gemeint. Um dieselbe Zeit wird auch das Glocken- und Torhaus einer Verbesserung unterzogen, die fast einer Grunderneuerung gleichkommt. Im Jahre 1695 stürzen Gewölbeteile ein. Da offensichtlich für die gesamte Gewölbezone Einsturzgefahr droht, entschließt man sich, alle Gewölbe abzutragen; die nunmehr fehlende Gewölbezone ersetzt eine im Jahre 1696 eingezogene flache Holzbalkendecke. Als man im Jahre 1718 (Erneuerung 1983) darangeht, die Holzbalkendecke mit dekorativer Malerei zu versehen, wird gleichzeitig das Mauerwerk des Westturmes verbessert. Die Krypta/Grablege wird, nachdem sie im Jahre 1744 wahrscheinlich nochmals im Osten umgestaltet worden ist, 1762/63 in gemeindliche Obhut zurückverwiesen; ob solcher Zuständigkeitswechsel gleichzeitige Bautätigkeit auslöst, ist unbekannt, und zwar ebenso unbekannt wie jene Daten, die sich auf Erhaltungs- und Verbesserungsarbeiten der Folgezeit beziehen. Erst die jüngste Vergangenheit ermöglicht wieder, Erhaltungs- und Verbesserungsarbeiten zu belegen: Die im Jahre 1959 abgeschlossene Bautätigkeit - sie zieht bedauerlicherweise Räumlichkeit und Eingangsbereich der Krypta in Mitleidenschaft - richtet sich besonders auf die Schaffung einer westlichen Eingangshalle, wohingegen jene Erhaltungsmaßnahmen, die in den Jahren 1961/62 und 1983 ergriffen werden, um Wiederherstellung des spätmittelalterlichen Erscheinungsbildes bemüht sind.

Rastede, Denkmalplatz

Rastede, Denkmalplatz

Rodenkirchen

St. Matthäus

Stadland 1-Rodenkirchen, Schulstraße

Kirche mit flachgedecktem (Holzbalkendecke des ausgehenden 1. Viertels des 16. Jahrhunderts) **Langhaus** (Porta-Sandstein; Backsteinverbesserungen; ziegelgedecktes Satteldach; Dachreiter (erneuert) des 8. Jahrzehnts des 18. Jahrhunderts mit kupferverkleidetem Sockel und unter kupfergedecktem Spitzhelm auf First hinter Westgiebel) **des ausgehenden 12. Jahrhunderts und des 3. Drittels des 13. Jahrhunderts, mit flachgedecktem** (Holzbalkendecke wie über Langhaus) **Querhaus** (Portasandstein; Backsteinverbesserungen; Backsteingiebel; ziegelgedecktes Satteldach) **des ausgehenden 1. Drittels des 13. Jahrhunderts, mit gerade-schließendem, flachgedeckten** (Holzbalkendecke wie über Lang- und Querhaus) **Chor** (Portasandstein; Backsteinverbesserungen; Backsteingiebel; ziegelgedecktes Satteldach) **des ausgehenden 15. Jahrhunderts und mit angelehntem** (Mitte der Langhauswestwand = Westturmplatz) **Glockenhaus** (teilweise unter Putz: Portasandstein; Backstein; Stützmauerwerk; ziegelgedecktes Satteldach) **des ausgehenden 1. Viertels des 16. Jahrhunderts**

Baugeschichte: Während der Zeit um 1180/90 wird ein vermutlich im Dachstuhl offener einschiffiger Portasandsteinbau - mit Apsis? - errichtet. Diesem - umgebauten und erweiterten ? - Portasandsteinbau wird gegen 1220/30 ein Querhaus, das möglicherweise bereits ursprünglich gewölbt ist, an- und eingefügt. Nord- und Südseite des Querhauses zeichnen sich ebenso wie die Ostwandmitte durch neue (Nord und Süd) wie überkommene (Ost)Apsiden aus.
In den Jahren um 1270 wird das Langhaus bis auf die Südwand abgetragen; nachdem die nunmehr fehlenden Wände höher als vorher wiederaufgemauert worden sind und überdies die stehengebliebene Südwand erhöht worden ist, wölbt man das Langhaus - mit Domikalgewölben? - ein. Sollte das Querhaus entgegen der zuvor geäußerten Annahme doch nicht ursprünglich-gewölbt gewesen sein, so erfolgt dessen Einwölbung spätestens zu dieser Zeit. Im Jahre 1362 richtet eine Sturmflut schweren Schaden an: Querhausost- wie Langhauswestwand müssen abgetragen und neuaufgemauert werden, während die Apsiden der Querhausarme abgebrochen werden. Zur Zeit um ungefähr 1480/90 wird die Apsis in der Mitte der Querhausostwand abgetragen; sie weicht jenem bereits ursprünglich-gewölbten Chor, der nicht nur bewirkt, daß aus dem bisherigen Langhausschlußgewölbe beziehungsweise aus dem mittleren Gewölbeabschnitt des Quer-

hauses ein Vierungsgewölbe wird, sondern der auch unmißver-
ständlich darlegt, daß die Grundrißführung der Gesamtanlage
nunmehr der Form eines Lateinischen Kreuzes gleichkommt. Im
Jahre 1514 werden die Gewölbe durch Artilleriebeschuß so erheblich beschädigt, daß sie abgetragen werden müssen; sie werden ersetzt durch die im Jahre 1520 über Langhaus, Querhaus,
Vierung und Chor eingezogenen flachen Holzbalkendecken, wobei zu bemerken steht, daß um ebendieselbe Zeit das Glockenhaus, das den Platz eines Westturmes einnimmt, an die Langhauswestwand angelehnt wird.

Die Gesamtanlage wird im Jahre 1776 erneuert und verbessert; dies
bedeutet, daß u. a. die flachen Holzbalkendecken mit dekorativer
Malerei bedacht werden und dem Dachfirst ein Dachreiter aufgesetzt
wird. Im Jahre 1901 wird die einsturzgefährdete Langhauswestwand
abgetragen und wiederaufgemauert. Umfangreiche und weniger umfangreiche Erhaltungs- und Wiederherstellungsmaßnahmen werden
in den Jahren 1982, 1985 und 1986 ergriffen.

Stadland 1-Rodenkirchen, Schulstraße

Stadland 1-Rodenkirchen, Schulstraße

Sande

St. Magnus

Sande, Hauptstraße

Kirche mit einschiffigem, ursprünglich-gewölbten (drei Joch: Domikalgewölbe) **und gerade-schließenden** (ohne baulich-ausgewiesenen Chor) **Langhaus** (Backstein; kupfergedecktes Satteldach) **des beginnenden 3. Viertels des 13. Jahrhunderts, mit ursprünglicher, gewölbter** (vorletztes Jahrzehnt des 14. Jahrhunderts) runder (Ost-)**Apsis** (Backstein; Stützpfeiler; kupfergedecktes Kegeldach in ebenderselben Firsthöhe wie Langhausdach, aber mit höherer Trauflinie) **und mit ursprünglichem, frei von der Langhauswestwand stehenden,** fast einem Westturm gleichkommenden **Glockenturm** (Backstein; tieferliegende Fondfelder unter Putz; Sandsteingliederungselemente; kupfergedeckter Spitzhelm)

Baugeschichte: In der Zeit um 1270/80 wird der einschiffige, bereits ursprünglich-gewölbte Backsteinbau mit runder, mit Nischengewölbe nach oben geschlossener (Ost-)Apsis errichtet. Im Jahre 1384 wird das Apsisgewölbe abgetragen; nachdem aber das Apsismauerwerk erhöht, mit Stützpfeilern verstärkt und mit größeren Fensteröffnungen versehen worden ist, wird die Apsis neuerlich nach oben geschlossen, und zwar mit einem Rippen-(Schluß)-Gewölbe. Gleichzeitig wird der Glockenturm erbaut.

In den Jahren um 1730 wird der Glockenturm grunderneuert. Erhaltungs- und Verbesserungsarbeiten im 18. und 19. Jahrhundert sind zwar nicht belegt, aber dennoch mehr als wahrscheinlich. Wiederherstellungsmaßnahmen werden um 1960 ergriffen. Im Jahre 1972 verursacht ein Brand beträchtlichen, indessen sofort behobenen Schaden.

Sande, Hauptstraße

Sandel

St. Jacobus

Jever, Sandel

Kirche mit einschiffigem, flachgedeckten (Holzbalkendecke des beginnenden 18. Jahrhunderts) **und gerade-schließenden** (ohne ausgewiesenen Chor) **Langhaus** (Granit; Backstein; besonders: Backsteinwestwand mit seitlichen Stützpfeilern; ziegelgedecktes Satteldach) **des ausgehenden 12. und des beginnenden 13. Jahrhunderts, aber nicht zuletzt auch des 15. Jahrhunderts, mit Resten** (zu Stützmauerwerk umgeformt) **einer** runden (Ost-)**Apsis** (Backstein) **des ausgehenden 13. oder des beginnenden 14. Jahrhunderts** und mit Westturm (Backstein; ziegelgedecktes niedriges Turmdach) der ausgehenden 1. Hälfte des 19. Jahrhunderts

Baugeschichte: Der Vorgängerbau I, bei dem es sich mutmaßlich um eine hölzerne Kapelle gehandelt hat, dürfte unmittelbar nach der im Jahre 938 erfolgten Gemeindegründung entstanden sein. Diesen Vorgängerbau I ersetzt um 1100 der Vorgängerbau II, nämlich ein Feldstein-Granit-Bau, der in den Jahren zwischen 1148 und 1168 völlig zerstört und nicht wiederaufgebaut wird. Wenige Jahre vor 1200 beginnt man unter Benutzung der vom Vorgängerbau II überkommenen Fundamente mit der Errichtung jenes gerade-schließenden Granitbaues, der zur Kernsubstanz der gegenwärtig erscheinenden Anlage werden soll. In den Jahren um 1300 wird der Ein-Raum-Kirche eine runde (Ost-) Apsis angefügt. Im Laufe des 15. Jahrhunderts muß diese Ein-Raum-Kirche mit Apsis - nach Zerstörung ? - zwar zunächst abgetragen werden, wird dann aber sofort und unter Beibehaltung von Grundriß und Fundament wie unter Wiederverwendung überkommenen Granit-Mauerwerks als Backsteinbau wiedererrichtet.

Im Jahre 1603 wird der gänzliche Verfall der Kirche urkundlich belegt. Im Jahre 1702 beginnt jene Grunderneuerung, mit der zwar die Einziehung einer flachen Holzbalkendecke, aber auch die Abtragung der Apsis verbunden ist. Im Jahre 1807 wird ein Westturm angefügt; dieser Westturm muß indessen bereits in den Enddreißigerjahren des 19. Jahrhunderts abgetragen werden. Er wird ersetzt vom heutigen, im Jahre 1840 errichteten Westturm. In den Jahren um 1880, aber auch während der Nachfolgezeit werden unterschiedlich-wirksame Erhaltungs- und Verbesserungsmaßnahmen ergriffen.

Jever, Sandel

Schönemoor

St. Katharina

Ganderkesee 2-Schönemoor, Schönemoorer Dorfstraße

Kirche (fälschlich: Wallfahrtskirche) **mit einschiffigem, ursprüng-lich-gewölbten** (drei Joch: Kreuzrippengewölbe) **Langhaus** (Back-stein; Stützpfeiler; ziegelgedecktes Satteldach; Südportal-Vorbau (fälschlich: Braut- oder Kinderhaus; Backstein; ziegelgedecktes Sat-teldach) des 15. Jahrhunderts) **des 2. Viertels des 14. Jahrhun-derts, mit eingezogenem, gewölbten** (ein Joch: Kreuzrippenge-wölbe des 4. Viertels des 14. Jahrhunderts) **und gerade-schließen-den Chor** (Feldstein; Granit; Backstein; ziegelgedecktes Satteldach; zwei Chorstufen; an Nordseite: Fachwerk-Anbau (Beton-Fundamen-tierung; ziegelgedecktes Schleppdach) der jüngsten Vergangenheit) **des 3. Jahrzehnts des 13. Jahrhunderts und mit Westturm** (Backstein; Eckstützpfeiler; verstärkte Untergeschoß-Nordwand; zie-gelgedeckter Turmhelm) **des 2. Viertels des 14. Jahrhunderts**

Baugeschichte: In den Jahren kurz vor 1230 wird eine Feld-stein-Granitkapelle, die im gegenwärtig-erscheinenden Chor er-halten bleiben wird, mit runder (Ost-)Apsis errichtet. Diese mut-maßlich im Dachstuhl offene Kapelle mit Apsis erfährt in der Zeit zwischen 1324 und 1337 durch Ansetzen eines bereits ur-sprünglich-gewölbten Langhauses, vor dessen Westwand fast gleichzeitig ein (West-)Turm errichtet wird, jene Westerweite-rung, die die Anlage deutlich sichtbar aufwertet. Durch eben-diese Westerweiterung wird die überkommene Kapelle, deren Apsis indessen abgetragen wird, zum gerade-schließenden Chor erhoben, wobei anzumerken ist, daß die zum Chor erhobene Ka-pelle nahezu gleichzeitig eingewölbt und die Chorostwand (ehemalige Kapellenostwand) anstelle der Apsisöffnung mit einer großen Fensteröffnung versehen worden ist. Zwischen 1450 und 1500 wird der Südportal-Vorbau (vgl. Stuhr) angefügt.

Erhaltungs- und Verbesserungsarbeiten sind zwar in unmittelbarer und mittelbarer Folgezeit durchgeführt worden, können jedoch nicht schriftlich belegt werden. In den Zwanziger- und Dreißigerjahren des 20. Jahrhunderts werden Wiederherstellungsmaßnahmen, die sich besonders des Turmhelmes und der Langhausostwand annehmen, ergriffen. Der Fachwerk-Anbau der Chornordseite ist eine Neubau-Ergänzung der jüngsten Vergangenheit.

Ganderkesee 2-Schönemoor, Schönemoorer Dorfstraße

Schortens

St. Stephanus

Schortens, Kirchstraße

Kirche mit einschiffigem, flachgedeckten (Holzbalkendecke des beginnenden 2. Viertels des 18. Jahrhunderts) **Langhaus** (Granit; Tuffstein; Backstein; ziegelgedecktes Satteldach) **der Mitte des 12. Jahrhunderts, mit** lediglich im Inneren ausgewiesenen Chor (eine Chorstufe) und **Lettner** (Backstein; drei Bogenöffnungen mit wenigtiefen Gewölbezonen; Seitenöffnungen: heute nischenartig-geschlossen) **des ausgehenden 15. Jahrhunderts), mit** flachgedeckter (Holzbalkendecke wie über Langhaus) runder (Ost-)**Apsis** (Granit; Tuffstein; Backstein; ziegelgedecktes Kegeldach) **der Mitte des 12., aber auch des ausgehenden 2. Drittels des 14. Jahrhunderts und mit zwar freistehendem, aber dennoch achsial-gebundenen Glockenturm** (Reste von Granitmauerwerk; Backstein; ziegelgedeckter Turmhelm) **des frühen 16. Jahrhunderts**

Baugeschichte: In den Jahren zwischen 1149 und 1153 wird ein wahrscheinlich im Dachstuhl offener Granitbau, dem im Jahre 1163 eine halbrunde (Ost-)Apsis angesetzt werden soll, errichtet. Um 1270/80 wird dieser Granitbau mit Apsis eingewölbt, und zwar mit Domikalgewölben und (Apsis-)Nischengewölbe. Im Jahre 1361 wird das Gotteshaus teilzerstört. Der alsbald einsetzende Wiederaufbau berücksichtigt zwar weitgehend den Urzustand, weicht aber durch Erhöhung von Chorraum- und Apsisboden wie durch unterlassene neuerliche Einwölbung erheblich von der überkommenen Vorstellung ab. Gegen 1400 wird der Lettner, der die Stufentrennung von Gemeinde- und Chorraum noch deutlicher als zuvor betont, eingestellt. Kurz nach 1500 wird der freistehende Glockenturm, dessen achsiale Bindung fast Westturmcharakter einredet, erbaut.

Ein durch Blitzschlag ausgelöster Brand zerstört im Jahre 1661 Helm und Obergeschoß des Glockenturmes; die Schadensbeseitigung beansprucht den Zeitraum bis 1676. Die im Jahre 1680 einsetzende Bautätigkeit befaßt sich mit Abtragung und Neuaufmauerung der Langhauswestwand (Backstein). In unmittelbarem Zusammenhang mit der im Jahre 1728 einsetzenden Grunderneuerung von Apsis und Glockenturm steht die Einziehung einer flachen Holzbalkendecke. Erhaltungs- und Verbesserungsarbeiten, die den Folgezeiten, und zwar bis in die jüngste Vergangenheit, zugerechnet werden müssen, sind zwar augenfällig, aber nicht schriftlich belegt.

Schortens, Kirchstraße

Sengwarden

St. Georg

Wilhelmshaven, Hauptstraße

Kirche mit einschiffigem, flachgedeckten (Holzbalkendecke des 17. Jahrhunderts) **Langhaus** (Granit (vornehmlich: Langhausnordwand); Backstein; dünnwandiges Mauerwerk mit Stützpfeilern; ziegelgedecktes Satteldach; Dachreiter (über Uhr und unter Spitzhelm, auf First unmittelbar hinter Westgiebel) des 18. Jahrhunderts) **der 1. Hälfte des 13. Jahrhunderts mit eingezogenem und polygonal-schließenden** (vier Seiten eines Achtecks) **Chor** (Backstein; Stützpfeiler; ziegelgedecktes Satteldach mit Abwalmungen; drei Chorstufen; Triumphbogen (d. i. ehemalige Langhausostwand mit Apsisöffnung) des 13. und 15. Jahrhunderts) **des 15. Jahrhunderts und mit freistehendem Glockenhaus** (Backstein; ziegelgedecktes Satteldach; im Untergeschoß: Leichenhalle des 6. Jahrzehnts des 20. Jahrhunderts) **des 3. Viertels des 14. Jahrhunderts**

Baugeschichte: In der 1. Hälfte des 13. Jahrhunderts wird ein einschiffiger, wahrscheinlich im Dachstuhl offener Granitbau mit runder (Ost-)Apsis errichtet. Dieser Granitbau wird um 1260/70 eingewölbt, und zwar das Langhaus mit drei Domikalgewölben und die Apsis mit Nischengewölbe. In den Jahren um 1370/80 wird das freistehende Glockenhaus hinzugefügt, ein Glockenhaus, das im 15. Jahrhundert verbessert werden soll. Spätestens bei Errichtung des Glockenhauses wird die Kirchenanlage mit Wall und Graben umgeben; sie wird im Jahre 1387 als „Festung" urkundlich erwähnt. Im Verlaufe des 15. Jahrhunderts werden die Gewölbe durch Kriegseinwirkung zerstört; die Reste werden abgetragen. Der durch ebendieselben kriegerischen Ereignisse gleichzeitig in Mitleidenschaft gezogene und niedergebrochene Ostteil der Langhaussüdwand wird in Backstein und mit größeren Fensteröffnungen wiederaufgemauert, wohingegen die Granit-Apsis abgetragen wird, um den eingezogenen und polygonal-schließenden Chor derartig ansetzen zu können, daß die bisherige Langhausostwand, deren Apsisöffnung erweitert worden ist, zum Triumphbogen erhoben wird. Weitere baugeschichtlich relevante Angaben, die die Zeit des Mittelalters erhellen könnten, liegen nicht vor.

Das erste neuzeitliche, reformatorisch- und humanistisch-bewegte 16. Jahrhundert ist ebensowenig in der Lage, die in Rede stehende Baugeschichte anhand von schriftlichen Belegen zu dokumentieren wie die vom Dreißigjährigen Kriege bestimmte 1. Hälfte des 17. Jahrhunderts. Erst die zweite Hälfte des vorgenannten Jahrhunderts kann wieder mit einigermaßen verläßlichen Angaben aufwarten: Die

132

flache Holzbalkendecke, die nach ungefähr 200 Jahren die eingestürzten Gewölbe ersetzende flache Holzbalkendecke - sie schließt
den seit dem 15. Jahrhundert im Dachstuhl offenen Kultraum nach
oben - wird um 1670/80 eingezogen. Im folgenden 18. Jahrhundert,
d. h. in der Zeit um 1765 - zur vorgenannten Zeit werden, und dies
mag als Orientierungshilfe dienen, sämtliche der ehemals gräflich-
oldenburgischen, z. Zt. jedoch königlich-dänischen Festungen aus
den entsprechenden Registern gestrichen - verliert auch die Sengwarder Kirchenanlage ihren militärischen Charakter, d. h. Wall und
Graben werden, wenngleich die Erhöhung der Kirchwarf erhalten
bleibt, eingeebnet. Und um ebendieselbe Zeit scheinen größere bauliche Verbesserungsaktionen eingeleitet worden zu sein, nämlich
jene Verbesserungsaktionen, deren sichtbarstes Zeugnis abgelegt
wird von jenem Dachreiter, der dem First eines vermutlich umfas-
send-verbesserten Kirchendaches aufgesetzt wird. Erstaunlicher-
weise ist die Sengwarder Kirchenbaugeschichte des 19. Jahrhunderts bislang, obschon dies durchaus zu vermuten gewesen wäre,
nicht verläßlich belegbar. Dies mag um so mehr verwundern, weil
immerhin mit einer Berechtigung davon ausgegangen werden kann,
daß vornehmlich die zweite Hälfte des gemeinten Jahrhunderts, und
zwar nicht zuletzt in Ansehung ihres allgemein-verbindlich prakti-
zierten bau-freundlichen Historismus, keineswegs untätig geblieben
sein dürfte. Das 20. Jahrhundert entwickelt seine auf Verbesserung
und Wiederherstellung gerichteten Bestrebungen während der Zeit
nach der Jahrhundertwende und während der Zeit nach dem Zweiten Weltkriege: Im Jahre 1903 wird die Langhauswestwand wegen
Einsturzgefahr abgetragen, um im Jahre 1904 wiederaufgemauert
zu werden; in der Zeit zwischen 1955 und 1959 werden sämtliche
Bauglieder der Kirchenanlage einer umfassenden Verbesserung unterzogen, nämlich jener Verbesserung restaurativer Natur, die sich
jedoch nicht allein der Bausubstanz - hier ist besonders das
Glockenhaus gemeint, in dessen Untergeschoß eine Leichenhalle
eingerichtet wird - sondern auch der Innenarchitektur und der Ver-
satzstücke annimmt.

Wilhelmshaven, Hauptstraße

Wilhelmshaven, Hauptstraße

Sevelten
St. Maria

Cappeln-Sevelten, Am Kirchplatz

Kirche mit gewölbtem (zwei Joch: Kreuzrippengewölbe des ausgehenden 3. Viertels des 14. Jahrhunderts) **Langhaus** (Feldstein; Granit; Sandstein; Backsteinverbesserungen; ziegelgedecktes Satteldach) **der beginnenden 2. Hälfte des 12. Jahrhunderts,** mit Querschiff, d. h., mit ursprünglich-gewölbter (Kreuzrippengewölbe) Vierung und mit ursprünglich-gewölbten (je ein Kreuzrippengewölbe) Querschiffsarmen (Bruchstein; Sandstein; ziegelgedecktes, durch Langhausdach in der Mitte geteiltes Satteldach) des ausgehenden 1. Viertels des 20. Jahrhunderts, mit gewölbtem (Kreuzrippengewölbe) und gerade-schließendem Chor (Bruchstein; Sandstein; Langhausdachverlängerung; eine Chorstufe des ausgehenden 1. Viertels des 20. Jahrhunderts und mit Westturm (Bruchstein; kupfergedecktes (1962) gedecktes Helmdach) des beginnenden 2. Drittels, aber auch des 4. Viertels des 19. Jahrhunderts

Baugeschichte: In den Jahren kurz vor 1159 wird eine im Dachstuhl offene Feldsteinkapelle als Ein-Raum-Kapelle ohne apsidialen Schluß errichtet. Diese Kapelle wird, nachdem das Außenmauerwerk mit Granit verstärkt und mit Backstein erhöht worden ist, im Jahre 1372 mit zwei Kreuzrippengewölben nach oben geschlossen und möglicherweise mit gewölbtem apsidialen Schluß versehen.

Erhaltung und Verbesserung dienliche Bautätigkeiten der folgenden Jahrhunderte sind zwar nicht belegt, aber deshalb nicht unwahrscheinlich; die erste, wieder urkundlich belegte Bautätigkeit gehört dem 19. Jahrhundert an: Im Jahre 1835 wird der Westturm angesetzt, ein Turm, der indessen bereits in den Jahren 1886 und 1888 nicht nur in der Oberzone stabilisiert wird, sondern auch eine neue Helmverdachung erhält. Im Jahre 1921 wird die Anlage durch Ansetzen eines bereits ursprünglich-gewölbten Querhauses mit bereits ursprünglich-gewölbter Vierung und einem bereits ursprünglich-gewölbten, gerade-schließenden Chor derartig nach Osten erweitert, daß nunmehr die Grundrißführung der Form eines Lateinischen Kreuzes gleichkommt. Umfangreiche Erhaltungs- und Verbesserungsmaßnahmen, die alle Bauglieder betreffen, werden im Jahre 1962 ergriffen.

Cappeln-Sevelten, Am Kirchplatz

Sillenstede

St. Florian

Schortens-Sillenstede, Mühlenstraße

Kirche mit einschiffigem, flachgedeckten (Holzbalkendecke von der Wende des 17. Jahrhunderts zum 18. Jahrhundert) **Langhaus** (Granit; Backsteinverbesserungen; Backsteinost- und -westgiebel; ziegelgedecktes Satteldach, integrierter Chor: vier Chorstufen) **des ausgehenden 1. Drittels des 13. Jahrhunderts, mit Triumphbogen** (verputztes Mauerwerk mit zwei mal zwei = vier Skulpturen-doppelnischen: Petrus/Paulus, Hadrian(?)/Johannes, Katharina/Caecilia, Cosmas/Damian) **des 13. beziehungsweise des 14. Jahrhunderts, mit zwei** kuppelgewölbten, langhausseitig die Triumphbogenöffnung in der Unterzone flankierenden **Ciborien**(-Altären) **des 14. Jahrhunderts), mit ursprünglicher,** runder und flachgedeckter (Holzbalkendecke wie über Langhaus) (Ost-)**Apsis** (Granit; geringe Backsteinverbesserungen; ziegelgedecktes Zeltdach; Apsis niedriger als Chor-Bodenniveau) **und mit freistehendem Glockenturm** (Granit; Backstein; ziegelgedecktes Helmdach) **des beginnenden 14. Jahrhunderts**

Baugeschichte: In den Jahren zwischen 1148 und 1153 wird jener Vorgängerbau I, der bereits im Jahre 1168 völlig zerstört werden soll, errichtet. Ob ein Neubau, der dann folgerichtig als Vorgängerbau II angesehen werden müßte, nachfolgt, ist zweifelhaft. Der heutige Bau wird im Jahre 1232 begonnen; die einschiffige, möglicherweise bereits ursprünglich-flachgedeckte Granitkirche mit runder (Ost-)Apsis ist im Jahre 1233 fertiggestellt. Zu Beginn des 14. Jahrhunderts, kurz nach 1300, wird der freistehende Glockenturm erbaut; im weiteren Verlaufe des 14. Jahrhunderts wird die Apsis mit einem Nischengewölbe nach oben geschlossen, wird das Chorraum-Bodenniveau erhöht, werden die Chorstufen angelegt, wird die Triumphbogenwand mit langhausseitigen Skulpturen-Doppelnischen versehen, werden Skulpturen und beide Ciborien(-Altäre) eingestellt.

In der Zeit um 1700 wird, nachdem die Apsis-Wölbung vermutlich wegen Einsturzgefahr abgetragen worden ist, nicht allein die Apsis, sondern auch das Langhaus mit einer neuen flachen Holzbalkendecke nach oben geschlossen. Erhaltungs- und Verbesserungsarbeiten können zwar weder für das weitere 18., noch für die nachfolgenden Jahrhunderte belegt werden, sind aber dennoch mehr als wahrscheinlich.

Schortens-Sillenstede, Mühlenstraße

St. Joost

St. Justinus

Wangerland 2-St. Joost

Bereits ursprünglich-flachgedeckte (Holzbalkendecke) **Kapelle** (Backstein; ziegelgedecktes Satteldach) **des 2. Jahrzehnts des 16. Jahrhunderts** mit eingezogenem, in sanfter Rundung schließenden und bereits ursprünglich-flachgedeckten (Holzbalkendecke) Chor (Backstein; ziegelgedecktes Zeltdach) der Mitte des 17. Jahrhunderts und mit freistehendem Glockenturm (Backstein; ziegelgedecktes Walmdach) der beginnenden 2. Hälfte des 16. Jahrhunderts

Baugeschichte: Die Kapelle wird im Jahre 1513 - mutmaßlich von jenem Bevölkerungsteil, der vom Strandraub lebt - als bereits ursprünglich-flachgedeckter Saalbau ohne Chor, ohne Apsis und ohne Turm errichtet.

Im Jahre 1542 wird die Kapelle als „Bethaus" einer klösterlichen Gemeinschaft von Ordensfrauen urkundlich erwähnt, und zwar mutmaßlich aufgrund der Errichtung des freistehenden Glockenturmes. Nach Öffnung der Kapellenostwand setzt man im Jahre 1650 den eingezogenen und flachgedeckten Chor derartig an, daß der stehengebliebene Kapellen-Ostwand-Abschnitt zum Chorbogen erhoben werden kann. Gegen 1800 werden Teile des Glockenturmes abgetragen, um indessen alsbald wiederaufgemauert zu werden. Gleichzeitig werden die Fensteröffnungen des Chores verändert. Im Laufe des 19. Jahrhunderts werden verschiedentlich notwendige Erneuerungsarbeiten ausgeführt. Im Jahre 1976 werden jene Maßnahmen ergriffen, die sich vornehmlich auf Wiederherstellung des ursprünglichen Zustandes richten.

Wangerland 2-St. Joost

Strückhausen

St. Johannes

Ovelgönne 1-Strückh.-Kirchdorf, Kirchweg

Kirche mit einschiffigem, flachgedeckten (Holzbalkendecke des ausgehenden 17. Jahrhunderts), aber über Orgel: gewölbten (Holzgewölbe des ausgehenden 17. Jahrhunderts) **Langhaus** (Backstein; ziegelgedecktes, schwingendes Satteldach; auffälliger, weil ungewöhnlicher, dem First hinter dem Westgiebel entwachsender Dachreiter (Form: schiefergedeckte Turmhelmspitze) der beginnenden 2. Hälfte des 19. Jahrhunderts) **der beginnenden 2. Hälfte des 15. Jahrhunderts mit** flachgedecktem (Holzbalkendecke wie über Langhaus) **polygonalem** (drei beziehungsweise fünf Seiten eines Achtecks) **Chorschluß** (Backstein; Stützpfeiler; Verlängerung (sichtbare Nahtstelle) des Langhausdaches mit Abwalmungen) **des ausgehenden 2. Jahrzehnts des 16. Jahrhunderts und mit** an Langhauswestwand achsial-angelehntem **Glockenhaus** (Backstein; teilverputzt; Nord-Süd-Durchlaß im Untergeschoß; Stützmauerwerk an Westseite; ziegelgedecktes Dach mit Westwalm) **des ausgehenden 2. Jahrzehnts des 16. Jahrhunderts**

Baugeschichte: Im Jahre 1452 wird ein einschiffiger, wahrscheinlich im Dachstuhl offener und gerade-schließender Backsteinbau errichtet. Dieser, das heutige Langhaus bildende Backsteinbau wird im Jahre 1519 nach Abtragung der Ostwand durch Ansetzen eines im Dachstuhl ebenfalls offenen polygonalen Chorschlusses erweitert, während das zu ebenderselben Zeit erbaute Glockenhaus mit Durchlaß der Langhauswestwand angelehnt wird.

Im Jahre 1698 werden Langhaus und Chorschluß mit flacher Holzbalkendecke nach oben geschlossen; lediglich die Orgelzone im Westen des Langhauses macht eine Ausnahme: Hier wird die Schließung nach oben mittels Holzgewölbes bewältigt. Die Stützpfeiler des Chorschlusses werden ebenso wie der formal-ungewöhnliche Dachreiter im Jahre 1853 an- und hinzugefügt. Jene Putzschicht, die vermutlich seit der vorgenannten Zeit das Backsteinmauerwerk verbirgt, wird im Zuge der in den achtziger Jahren des 20. Jahrhunderts ergriffenen, allerdings das Glockenhaus noch nicht erreichenden Wiederherstellungsmaßnahmen beseitigt.

Ovelgönne 1-Strückhausen-Kirchdorf, Kirchweg

Stuhr

St. Pancratius

Stuhr, Stuhrer Landstraße

Kirche mit einschiffigem, ursprünglich-gewölbten (drei Joch: Kreuzrippengewölbe) **Langhaus** (Backstein; Stützmauerwerk an Nordseite; ziegelgedecktes Satteldach; Portalvorbau (Backstein; ziegelgedecktes Satteldach) an Südseite) **der 1. Hälfte des 14. Jahrhunderts, mit eingezogenem, gerade-schließenden und ursprünglich-gewölbten** (ein Joch: Kreuzrippengewölbe) **Chor** (Backstein; Backsteinstützmauerwerk an Nordseite; ziegelgedecktes Satteldach; zwei Chorstufen) **der Mitte des 2. Jahrzehnts des 16. Jahrhunderts und mit Westturm** (Backstein; ziegelgedecktes Helmdach) **des 2. oder 3. Jahrzehnts des 16. Jahrhunderts**

Baugeschichte: Der Vorgängerbau wird im Jahre 1187 errichtet. Dieser Vorgängerbau weicht während der Zeit zwischen 1300 und 1350 dem gegenwärtig-erscheinenden Backsteinbau, der ursprünglich eine (Ost-)Apsis aufweist. Ob der neuerrichtete Backsteinbau mit Apsis überkommene Fundamente benutzt hat, ist ungeklärt. In den Jahren um 1515 wird, nachdem die Apsis abgetragen und die Apsisöffnung entsprechend erweitert worden ist, der eingezogene, gerade-schließende und bereits ursprünglich-gewölbte Chor angesetzt. Noch vor 1530 werden Westturm und Südportal-Vorbau (vgl. Schönemoor) errichtet.

Wenngleich entsprechende Hinweise auf Erhaltungs- und Verbesserungsarbeiten der nachfolgenden Jahrhunderte fehlen, haben derartige Unternehmungen als wahrscheinlich zu gelten. In jüngster Vergangenheit, d. h. in den Jahren zwischen 1963 und 1967, werden umfängliche, die Gesamtanlage betreffende Wiederherstellungsmaßnahmen ergriffen.

Stuhr, Stuhrer Landstraße

Süderbrook

St. Gallus

Lemwerder-Süderbrook, Auf dem Strepel

Kirche mit einschiffigem, flachgedeckten (Holzbalkendecke des frühen 18. Jahrhunderts) **Langhaus** (Backstein; Stützpfeiler an Südseite; ziegelgedecktes Satteldach) **des 14. Jahrhunderts, mit eingezogenem, polygonal-schließenden** (drei Seiten eines Achtecks) und gewölbten (achtteiliges Holzkappengewölbe des frühen 18. Jahrhunderts) **Chor** (Backstein; Stützpfeiler; ziegelgedecktes Satteldach mit Abwalmungen) **des 15. Jahrhunderts** und mit Westturm (Holzkunstruktion; hölzerner Turmhelm) des 1. Viertels des18. Jahrhunderts und der jüngsten Vergangenheit

Baugeschichte: In den Jahren um 1142 wird der Vorgängerbau I in Form einer Kapelle errichtet. Diesen Vorgängerbau I ersetzt kurz nach 1234 der Vorgängerbau II, der ebenfalls als Kapelle gesehen werden muß. Der Vorgängerbau II weicht dem Vorgängerbau III - bei diesem Vorgängerbau III handelt es sich um die St.-Vitus-Kapelle - im Jahre 1299. Im Verlaufe des 14. Jahrhunderts wird der Vorgängerbau III, d. h. also die St.-Vitus-Kapelle durch Anbau eines Langhauses nach Westen erweitert. Im 15. Jahrhundert wird die seit dem 14. Jahrhundert als Chor fungierende St.-Vitus-Kapelle abgetragen und durch den heute erscheinenden eingezogenen und polygonal-schließenden Chor ersetzt.

Während der Zeit um 1720 wird der Westturm als Holzkonstruktion errichtet. Fast gleichzeitig wird über dem Langhaus eine flache Holzbalkendecke eingezogen und der Chor mittels Holzkonstruktion eingewölbt. Obschon im 19. Jahrhundert zweifellos Erhaltungs- und Verbesserungsmaßnahmen ergriffen worden sind, bleibt es der 2. Hälfte des 20. Jahrhunderts vorbehalten, jene Stabilisierungsmaßnahmen zu ergreifen, die es erlauben, die Stützpfeiler an der Langhaus-Nordwand zu beseitigen.

Lemwerder-Süderbrook, Auf dem Strepel

Tettens
St. Martin
Wangerland 1-Tettens, Schmiedestraße

Kirche mit einschiffigem, flachgedeckten (Holzbalkendecke des beginnenden 18. Jahrhunderts) **Langhaus** (Granit; Backsteinverbesserungen; ziegelgedecktes Satteldach; Uhr-Erker in unterer Mitte der Dachsüdseite); lediglich im Inneren ausgewiesener (zwei Chorstufen) Chor, **der 1. Hälfte des 13. Jahrhunderts mit ursprünglicher und ursprünglich-gewölbter** (Nischengewölbe) runder (Ost-)**Apsis** (Granit; Backsteinstützmauerwerk; schiefergedecktes Zeltdach) **und mit freistehendem Glockenturm** (Backstein; schiefergedeckter Spitzhelm) **des beginnenden 16. Jahrhunderts**

Baugeschichte: Zwischen 1200 und 1250 wird der wahrscheinlich ursprünglich im Dachstuhl offene und ursprünglich mit runder (Ost-)Apsis versehene Granitbau errichtet. Um das Jahr 1420 wird ebendieser, mutmaßlich unverändert gebliebene Bau als „zum Sendgericht Hohenkirchen gehörig" urkundlich erwähnt. Die Erhaltungs- und Verbesserungsarbeiten der Zeit zwischen 1450 und 1500 - diese Arbeiten bedienen sich bei Instandsetzung von Mauerverbänden ausschließlich des Backsteins - richten sich vornehmlich auf die einsturzgefährdete Langhaussüdwand. In den Jahren kurz nach 1500 wird der freistehende Glockenturm erbaut.

Kurz nach 1700 wird eine - erste ? - flache, das Langhaus nach oben schließende Holzbalkendecke eingezogen. Im Jahre 1889 wird der freistehende Glockenturm grunderneuert, der Langhaus-Westgiebel nach Abtragung in Backstein wiederaufgemauert und Backsteinstützmauerwerk an die Granit-Apsis angesetzt. Im Jahre 1964 beginnen umfassende, 1966 abgeschlossene Erhaltungs- und Wiederherstellungsarbeiten.

Wangerland 1-Tettens, Schmiedestraße

Tossens
St. Bartholomäus

Butjadingen-Nordseebad Tossens, Kirchweg

Kirche mit einschiffigem, flachgedeckten (Holzbalkendecke des 7. Jahrzehnts des 17. Jahrhunderts) **Langhaus** (Granitfundament; Backstein; ziegelgedecktes Satteldach) **des ausgehenden 14. Jahrhunderts, mit eingezogenem, polygonal-schließenden** (drei beziehungsweise fünf Seiten eines Achtecks) und flachgedeckten (Holzbalkendecke des 9. Jahrzehnts des 17. Jahrhunderts) **Chor** (Backstein; Stützpfeiler; ziegelgedecktes Satteldach mit Abwalmungen) **der 2. Hälfte des 15. Jahrhunderts und mit** nach Süden verschobenem, aber der Langhauswestwand angelehnten **Glockenhaus** (Backstein; Backsteinstützmauerwerk an Westseite; ziegelgedecktes Satteldach) **des ausgehenden 1. Viertels des 16. Jahrhunderts,** aber auch des 2. Jahrzehnts des 18. Jahrhunderts

Baugeschichte: Der Vorgängerbau entstammt - dies belegen Grundriß und Fundament der heutigen Kirche - dem 13. Jahrhundert. Dieser Vorgängerbau wird kurz vor 1400 abgetragen; ihn ersetzt ein Backsteinbau - hier handelt es sich um jene Substanz, die Kern der heutigen Anlage werden wird - mit runder (Ost-)Apsis. Nach urkundlicher Erwähnung im Jahre 1420 wird in der Zeit zwichen 1460 und 1480 die Apsis abgetragen und durch den noch gegenwärtig erscheinenden, eingezogenen und polygonal-schließenden Chor ersetzt. Kurz vor 1523 wird das Glockenhaus, welches der Langhauswestwand mit südlicher Verschiebung angelehnt wird, erbaut.

Im Jahre 1661 wird die flache Holzbalkendecke über dem Langhaus, im Jahre 1687 die flache Holzbalkendecke über dem Chor - beide Bauglieder sind wahrscheinlich bislang im Dachstuhl offen gewesen - eingezogen. Das Glockenhaus muß zwar im Jahre 1712 wegen Einsturzgefahr fast völlig abgetragen werden, wird jedoch alsbald - in überkommener Formgebung (?) - wiederaufgemauert und neuverdacht, während gleichzeitig die flache Holzbalkendecke über dem Langhaus unter einer Gipsdecke verborgen wird. Umfassende Wiederherstellungsmaßnahmen werden in den Jahren 1955 und 1973 (u. a. Beseitigung der vorerwähnten Gipsdecke) eingeleitet.

Butjadingen-Nordseebad Tossens, Kirchweg

Varel
Schloßkirche

Varel, Schloßplatz

Kirche mit einschiffigem, gewölbten (drei Joch = Ost- und Mittel-joch: Domikalgewölbe des ausgehenden 3. Viertels des 13. Jahrhunderts, Westjoch: ehemalige, inzwischen in Stein ersetzte Holzkonstruktion des ausgehenden 16. Jahrhunderts) **Langhaus** (Feldstein- und Granitmauerwerk; Backstein; ziegelgedecktes Satteldach) **des ausgehenden 12. Jahrhunderts, mit gewölbter** (Domikalgewölbe des ausgehenden 3. Viertels des 13. Jahrhunderts) **Vierung** (Mitte des 13. Jahrhunderts = vollintegrierte Ostverlängerung des Langhauses; ziegelgedeckte Dachteile von Langhaus, Querhaus und Chor; Dachreiter (schieferverkleidet; schieferverdachter Spitzhelm) ursprünglich mittelalterlicher Natur, aber erneuert im 18. Jahrhundert) **der Mitte des 13. Jahrhunderts, mit ursprünglich-gewölbten** (jeweils ein Kreuzrippengewölbe) **Querhausarmen** (Granit; Backsteinverbesserungen; ziegelgedeckte Satteldächer) **des letzten Jahrzehnts des 13. Jahrhunderts, mit gerade-schließendem, ursprünglich-gewölbten** (Kreuzrippengewölbe) **Chor** (Granit; Backsteinverbesserungen; ziegelgedecktes Satteldach; Chorboden-Erhöhung (heute: vier Stufen) der 2. Hälfte des 17. Jahrhunderts) **des letzten Jahrzehnts des 13. Jahrhunderts und mit Westturm** (= zunächst: ein Turm; dann: zwei Türme mit Sächsischem Riegel und schließlich (heute): ein überaus massiger Turm: Granit; Backstein; ziegelgedecktes queroblonges Turmdach mit schieferverkleidetem Uhr-Sockel unter schieferverdachter Kuppel, Tambour und schiefer- und kupfergedeckter Spitzhelm) **des ausgehenden 1. Drittels und des Endes des 13. Jahrhunderts**, aber nicht zuletzt auch des ausgehenden 16. Jahrhunderts

Baugeschichte: In der Zeit kurz vor 1200 wird ein Feldstein-Granit-Bau, d. h. ein einschiffiges, wahrscheinlich im Dachstuhl offenes Langhaus mit runder (Ost-)Apsis und Westturm errichtet. Dieser Feldstein-Granit-Bau ist Kernsubstanz der gegenwärtig-erscheinenden Anlage. In den Jahren um 1220/30 wird der Westturm abgetragen, um einer alsbald errichteten Doppelturmfassade, bestehend aus zwei Türmen und Sächsischem Riegel (= Verbindungsglied zwischen Turmuntergeschossen, aber auch zwischen Turmuntergeschossen und Langhaus) zu weichen. Um 1250 wird die Apsis abgetragen und die Langhausostwand derartig geöffnet, daß eine Langhaus-Osterweiterung (über fast-quadratischem Grundriß) angesetzt werden kann. Gegen 1260/70 wird - nach Erhöhung der Langhauswände mittels Backsteinmauerwerks - das eben erst erweiterte Langhaus mit vier Domikalgewölben nach oben geschlossen. Um 1290 werden Querhaus,

(neuer) Chor und (neue) Apsis erbaut und der überkommenen Architektur an- und eingefügt, d. h. die beiden bereits ursprünglich-gewölbten Querhausarme werden in Höhe des Langhaus-Ostjoches (d. i. Osterweiterung von 1250) angesetzt, und zwar derartig, daß die vorgenannte Räumlichkeit zur Vierung erhoben wird, weil der gleichzeitig errichtete, ebenfalls bereits ursprünglich-gewölbte Chor die notwendige Voraussetzung geschaffen hat. Der um 1290 erreichte Bauzustand - dies sei gleichsam als wichtiges Zwischenergebnis angemerkt - entspricht fast idealer Vorstellung, d. h. die Anlage verfügt über einen, sich der Form eines Lateinischen Kreuzes annähernden Grundriß, über zwei Türme mit Sächsischem Riegel (= Westfassade = Doppelturmfassade), über Lang- und Querhaus, über Vierung, Chor und Apsis.

Die Zeit kurz vor 1600 soll das Erscheinungsbild, dessen Überzeugungskraft nicht zu bezweifeln ist, nachdrücklich verändern: Die Doppelturmfassade mit Sächsischem Riegel wird zur Einturmfassade umgewandelt, d. h. die Verdachungen beider Türme wie auch der Sächsischen Riegel werden abgetragen, die Turmobergeschosse werden ihrer Sonderausstattung beraubt, das Obergeschoß des Sächsischen Riegels wird in ostwärtiger Richtung verstärkt und das westliche Domikalgewölbe wird abgetragen; dann werden im westlichen Teilbereich der vorgenannten Wölbzone jene Backstein-Widerlager aufgemauert, die von der beabsichtigten erhöhenden und mit größerer Baumasse operierenden Veränderung der Westfassade gefordert werden, während die verbleibende Öffnung in der Gewölbezone mittels gewölbter Holzkonstruktion geschlossen wird. Schließlich erfolgt die vereinigende Ummantelung von Turmobergeschossen und Sächsischem Riegel. Diese vereinigende Ummantelung setzt über den nunmehr als Einheit erscheinenden Untergeschossen an und findet ihren oberen Abschluß in queroblonger Helmdachzone. Um 1660 wird das ohnehin höhere Bodenniveau des Chores beträchtlich erhöht, weil Grabkammern angelegt werden. Gleichzeitig wird die (2.) Apsis abgetragen und die Apsisöffnung in der Chorostwand gerade-geschlossen. Die Fensterdreiergruppe in ebendieser Chorostwand scheint, und zwar nicht zuletzt aufgrund ihrer trockenen Formensprache, Beleg dafür zu sein, daß zumindest das 19. Jahrhundert mit erheblich-wirksamen Verbesserungsarbeiten (u. a. 1849) befaßt gewesen ist. Im 20. Jahrhundert sieht man sich zu ständigen Erhaltungs-, Verbesserungs- und Wiederherstellungarbeiten gezwungen; sie setzen ein mit jenen Arbeiten, die im Jahre 1960 den Chorbereich stabilisieren (hierbei: Verlust der Grabgewölbe), um im Jahre 1985 (z. Zt. noch andauernd) neuerlich zu beginnen (besonders erwähnenswert: Verbesserungen in der Gewölbzone (u. a. Ersatz des Holzgewölbes; Beseitigung der Putzschichten, die teilweise das Außenmauerwerk verborgen haben; Verbesserung des Granitmauerwerks u. a. m.).

Varel, Schloßplatz

Varel, Schloßplatz

Vechta

Propsteikirche St. Georg

Vechta, Große Straße

Dreischiffige, gewölbte (drei Travéen: Kreuzrippengewölbe (insgesamt 4 + 4 + 4 12 Wölbeabschnitte (quadratische (!) Mittelabschnitte) der ausgehenden 1. Hälfte des 18. Jahrhunderts) **Hallenkirche** (Backstein; Stützpfeiler; ziegelgedecktes Mittelschiffssatteldach; insgesamt (4 + 4) acht Seitenschiffsdächer in Nord-Süd-Richtung, davon sechs ziegelgedeckte und zwei schiefergedeckte Satteldächer) **der beginnenden 2. Hälfte des 15. Jahrhunderts mit polygonal-schließendem** (drei Seiten eines Achtecks), gewölbten (Kreuzrippengewölbe (über Chorquadrat) und Stichkappenschlußgewölbe (ehem. Netzschlußgewölbe über Chorschluß) des ausgehenden 3. Drittels des 18. Jahrhunderts) **Chor** (Backstein; Stützpfeiler; Mittelschiffsdachverlängerung mit Abwalmungen; Sakristeianbau (vorletztes Jahrzehnt des 19. Jahrhunderts) an Nordseite) **des ausgehenden 15. oder beginnenden 16. Jahrhunderts und mit Westturm** (Granitfundament; Granitsockel; backsteinummanteltes Granitmauerwerk (Untergeschoß); Backstein (Mittel- und Obergeschoß); kupfergedeckte Zwiebelkuppel: 2. und 3. Jahrzehnt des 18. Jahrhunderts; je eine gleichförmige, flankierende Turmkapelle (3/8 eines Backsteinpolygons; kupfergedeckte Abwalmungen) des vorletzten Jahrzehnts des 19. Jahrhunderts) **des beginnenden 3. Drittels des 13. Jahrhunderts und der ausgehenden 2. Hälfte des 15. Jahrhunderts,** nicht zuletzt aber auch, und dies mit bestimmender Prägekraft, des 3. Jahrzehnts des 18. Jahrhunderts

Baugeschichte: Der Vorgängerbau I - eine Holz- oder Feldsteinkapelle? - wird im 11. Jahrhundert errichtet. Diesen Vorgängerbau I ersetzt der Vorgängerbau II, ein kurz nach 1221 errichteter Granitbau mit einschiffigem, wahrscheinlich im Dachstuhl offenen Langhaus und Apsis. Dem Vorgängerbau II wird kurz nach 1265 ein Westturm (= Granitkernmauerwerk des heutigen Turmuntergeschosses) angesetzt, während Langhaus und Apsis - dies ist nicht auszuschließen - möglicherweise eingewölbt werden. Nachdem man sich entschlossen hat, die bis in die unmittelbare Gegenwart erhalten gebliebene Halle zu errichten, wird das Langhaus - nicht aber Apsis und gleichzeitig-erhöhter (Mittelgeschoß) Westturm - abgetragen, um mit dem Neubau (Backstein) der zwischen Apsis und Westturm angesiedelten Halle im Jahre 1452 beginnen zu können, wobei mit einiger Berechtigung - dies legen die jochartigen, fast-quadratischen Wölbeabschnitte des Hallenmittelschiffes nahe - sowohl mit überkommenen Fundamenten als auch mit überkommenen Abmessun-

gen operiert worden zu sein scheint. **Kurz vor oder kurz nach 1500 wird, nachdem auch die Apsis abgetragen worden ist, ein der Halle gemäßer, ursprünglich-gewölbter und polygonal- schließender Chor, der die Mittelschiffsbreite nur wenig über- trifft, angesetzt, nämlich jener Chor, der auf die unmittelbare Gegenwart überkommen ist.**

Im Verlaufe der Oldenburgischen Fehde von 1538 (Ende im selben Jahre: Wildeshauser Vergleich) werden alle Verdachungen und sämt- liche Gewölbe so wie auch Teile des Westturmes zerstört. Die sofort nach Kriegsende einsetzenden Wiederherstellungsarbeiten richten sich keineswegs, wie angenommen werden könnte, auf alle Bauglie- der, sondern lediglich auf die Halle, die mit flacher Holzdecke unter Notverdachung nach oben geschlossen wird. Da das 16. Jahrhun- dert - so scheint es jedenfalls - keinerlei Wiederherstellungsanstren- gungen unternimmt, befindet sich bei Ausbruch (1618) des Dreißig- jährigen Krieges die Anlage in einem betrüblichen Zustand, in einem Zustand, der im Verlaufe der Durchzüge (1622/23, 1625/26), Beset- zungen (1627-1632), Belagerungen und Kämpfe (1635-1638) noch erheblich verschlimmert wird. Im Jahre 1657 werden dann endlich erste Wiederherstellungsmaßnahmen ergriffen; sie richten sich auch diesmal ausschließlich auf die Halle - ohne sie indessen neueinzu- wölben. In den Jahren 1722 und 1723 erfolgt der einer Neugestal- tung gleichkommende Wiederaufbau des Westturmes. Zehn Jahre später, im Jahre 1732, wird der Chor, dessen Einwölbung gleichzei- tig beginnt, wieder in den Kultraum einbezogen. Die möglicherweise schon bald danach beginnende Einwölbung der Halle wird im Jahre 1749 abgeschlossen. Erste Verbesserungen am wiederhergestellten, aber umgestalteten Westturm erweisen sich im Jahre 1826 als not- wendig. Die im Jahre 1880 beginnenden Verbesserungs- und Wie- derherstellungsarbeiten unterwerfen sämtliche Bauglieder, vor- nehmlich jedoch das Außenmauerwerk, einer vereinheitlichenden, nicht zuletzt mit Neubautätigkeit einhergehenden Grunderneue- rung. Um 1968 erfährt das Innere des Westturmuntergeschosses eine Umgestaltung (Gedenkstätte). Die Maßnahmen von 1988/89 nehmen sich besonders der Neuverdachung an.

Vechta, Große Straße

Vechta, Große Straße

Vreschen-Bokel

Kapelle Vreschen-Bokel

Apen-Vreschen-Bokel, Hauptstraße

Ursprünglich-gewölbte (zwei Joch: Kreuzrippengewölbe; Rippen-(Schluß-)Gewölbe) **und polygonal-schließende** (drei Seiten eines Achtecks) **Kapelle** (Backstein; Stützpfeiler; ziegelgedecktes Satteldach mit Abwalmungen) **der beginnenden 2. Hälfte des 15. Jahrhunderts** mit freistehendem Glocken- und Torhaus (Backstein; ziegelgedecktes Satteldach) der beginnenden 2. Hälfte des 19. Jahrhunderts

Baugeschichte: Die Kapelle wird in den Jahren zwischen 1453 und 1456 erbaut.

Zwischen ungefähr 1530 und ungefähr 1550 verliert das Gotteshaus seine Funktion und der Verfall setzt ein. Erst in den Jahren kurz nach 1623 wird, nachdem die gottesdienstliche Bestimmung zurückgewonnen worden ist, die Kapelle wiederhergestellt; im Zuge der Wiederherstellungsarbeiten werden die Oberzonen der Kapellenwände neuaufgemauert und wahrscheinlich die Fensteröffnungen vergrößert. Kurz nach 1718 wird ein freistehender Glockenturm erbaut. Dieser Glockenturm muß jedoch wegen Einsturzgefahr um die Mitte des 19. Jahrhunderts abgetragen werden; ihn ersetzt im Jahre 1858 das heutige freistehende Glocken- und Torhaus. Zwischen 1976 und 1978 werden jene Erhaltungs- und Verbesserungsmaßnahmen getroffen, die sich vornehmlich der Stabilisierung der gefährdeten Mauerverbände annehmen.

Apen-Vreschen-Bokel, Hauptstraße

Waddewarden

St. Johannes

Waddewarden-Wangerland 3, Hooksieler Straße

Kirche mit einschiffigem, flachgedeckten (Holzbalkendecke des 17. oder 18. Jahrhunderts) **Langhaus** (Reste von Granitmauerwerk; Backstein; ziegelgedecktes Satteldach; Dachreiter (Uhrsockel; Spitzhelm) des 18. Jahrhunderts) **vom Ende des 2. Drittels des 13. Jahrhunderts,** mit lediglich im Inneren ausgewiesenem Chor (vier Chorstufen), **mit ursprünglicher,** runder (Ost-)**Apsis** (Granit; Backsteinverbesserungen; schiefergedecktes Zeltdach) **und mit freistehendem Glockenhaus** (Backstein; ziegelgedecktes Satteldach) **vom Ende des 2. Drittels des 15. Jahrhunderts**

Baugeschichte: Der Vorgängerbau I wird gegen 1190 errichtet. Dieser weicht dem Vorgängerbau II, einer im Jahre 1246 errichteten Kapelle, die aber bereits um 1260 abgetragen wird, da im Jahre 1263 ein einschiffiger, wahrscheinlich im Dachstuhl offener Granitbau mit runder (Ost-)Apsis errichtet wird. In den Jahren um 1460 beabsichtigt man, Langhaus - dies beweisen Konsolen, Bogen- und Rippenansätze - und Apsis einzuwölben. Die sich erhebende Frage, ob die Einwölbung tatsächlich verwirklicht worden sei, kann trotz der an sich untrüglichen Hinweise nicht verbindlich beantwortet werden. Dagegen ist die gleichzeitige Erhöhung des Chorbodens, die Errichtung des Glockenhauses und die Nischen-Eintiefung in das innere Apsismauerwerk während der genannten Jahre gesichert.

Wenn die Einwölbung von Langhaus und Apsis tatsächlich verwirklicht worden sein sollte, dann werden jedoch die Gewölbezonen beider Bauglieder entweder im 17. oder 18. Jahrhundert - wegen Einsturzgefahr (?) - abgetragen und durch flache Holzbalkendecken ersetzt. Im Jahre 1907 sieht man sich gezwungen, den einsturzgefährdeten Westgiebel abzutragen und wiederaufzumauern. Umfassende Erhaltungs-, Verbesserungs- und Wiederherstellungsmaßnahmen werden im Jahre 1952 ergriffen.

Wangerland 3-Waddewarden, Hooksieler Straße

Warfleth

St. Maria

Berne-Warfleth, Deichstraße

Flachgedeckte (Holzbalkendecke des beginnenden 2. Drittels des 17. Jahrhunderts) **Kapelle** (Backstein; Stützpfeiler; zwei Stufen unter natürlichem Bodenniveau ziegelgedecktes Satteldach) **vom Ende des 1. Viertels des 15. Jahrhunderts mit eingezogenem,** flachgedeckten (Holzbalkendecke wie über Schiff) **und polygonalschließenden** (drei Seiten eines Achtecks) **Chor** (Backstein; Stützpfeiler; ziegelgedecktes Satteldach mit Abwalmungen) **des späten 15. oder des beginnenden 16. Jahrhunderts** und mit angesetztem kleinen Glockenturm (vor Südseite des Chorschlusses Backstein; ziegelgedecktes Turmdach) des beginnenden 2. Drittels des 17. Jahrhunderts

Baugeschichte: Der Vorgängerbau I wird im Jahre 1057 errichtet. Dieser Vorgängerbau I von unbekannter Formgebung weicht dem in den Jahren um 1234 errichteten und im Jahre 1371 urkundlich-erwähnten Vorgängerbau II. In den Jahren zwischen 1417 und 1425 wird der Vorgängerbau II abgetragen; ihn ersetzt die anschließend errichtete, gegenwärtig-erscheinende Backsteinkapelle mit geradem Schluß, nämlich jene Backsteinkapelle, der kurz vor oder kurz nach 1500 der heutige eingezogene, bereits ursprünglich-gewölbte und polygonal-schließende Chor angefügt wird. Gleichzeitig mit solcher Bautätigkeit wird der Kapellenraum mit Kreuzrippengewölben (zwei Joch) nach oben geschlossen.

Zu Beginn des 17. Jahrhunderts stürzen sämtliche Gewölbe ein, und die Reste werden abgetragen. Im Jahre 1635 wird die sich über Kapelle und Chorraum erstreckende flache Holzbalkendecke eingezogen. Gleichzeitig wird der an die Südseite des polygonalen Chorschlusses angesetzte Glockenturm errichtet. Das weit über dem Kapellenboden liegende Chorbodenniveau von sechs Stufen wird im Jahre 1778 um zwei Stufen, im Jahre 1787 nochmals um zwei Stufen gemindert. Wiederherstellungs- und Verbesserungsmaßnahmen u. a. Wiederaufmauerung der Kapellenwestwand und weitere Absenkung des Chorbodenniveaus werden in den Jahren 1954, 1957, 1964/65 und 1973/74 ergriffen.

Berne-Warfleth, Deichstraße

Westerstede

St. Petrus

Westerstede, Am Markt

Kirche mit einschiffigem, gewölbten (drei Joch: Kreuzrippenge-wölbe des ausgehenden 15. und beginnenden 16. Jahrhunderts) **Langhaus** (Granitfundament; Granit; Backstein, ziegelgedecktes Sat-teldach; Anbau (Nordseite von Langhaus und Chor; Granit; Sand-stein; Backstein; ziegelgedecktes Schleppdach; Mittelbau mit ziegel-gedecktem Satteldach und Dreiecksgiebel) des beginnenden 20. Jahrhunderts) **des ausgehenden 1. Drittels des 13. Jahrhunderts, mit gewölbter** (ein Joch: Kreuzrippengewölbe des ausgehenden 15. und beginnenden 16. Jahrhunderts) (Langhaus-)**Osterweiterung** (Granit; Backstein; Verlängerung des Langhausdaches) **des 3. Vier-tels des 13. Jahrhunderts, mit gewölbtem** (ein Joch: Kreuzrip-pengewölbe des ausgehenden 15. und beginnenden 16. Jahrhun-derts) **geraden Chorschluß** (Granit; Backstein; Verlängerung des Langhausdaches) **des beginnenden 2. Viertels des 14. Jahrhun-derts, mit Westturm** (Granitfundament; Granit; Backstein; kupfer-gedeckter Spitzhelm; kupfergedeckte Kegeldächer der vier Ecktürm-chen) **des ausgehenden 1. Drittels, aber auch des 3. Viertels des 13. Jahrhunderts und mit freistehendem Glockenhaus** (Gra-nitfundament; Granit-Innenstruktur; Backstein; ziegelgedecktes Satteldach) **des 13., des ausgehenden 15. und des beginnenden 16. Jahrhunderts**

Baugeschichte: In den Jahren um 1130/40 wird der Vorgänger-bau errichtet, und zwar als Granitkirche, deren Fundamente wiederverwendet werden sollen. Kurz vor 1200 wird dieser Vor-gängerbau abgetragen, da mit der Errichtung der heutigen Kir-chenanlage, die bei der Weihe im Jahre 1232 aus Langhaus mit runder (Ost-)Apsis, Westturm (und Torhaus?) besteht, begonnen wird. Um 1270 wird das Langhaus nach erfolgter Turmerhöhung mit Domikalgewölben nach oben geschlossen, während gleich-zeitig die Apsis abgetragen und die Langhausostwand geöffnet wird, um eine zunächst als Chor dienende, später jedoch dem Langhaus zugewiesene, bereits ursprünglich-gewölbte (und mit neuem apsidialen Schluß versehene) Osterweiterung anfügen zu können. Gegen 1325 wird die Ostwand der vorerwähnten Ost-erweiterung mit (vorläufigem) Chorcharakter (nach Abtragung des apsidialen Schlusses?) geöffnet, um eine nochmalige Ost-erweiterung, die im Jahre 1328 stattfindet, vornehmen zu kön-nen, eine Osterweiterung, der indessen schon bei Errichtung Chorfunktion zugestanden wird. Um das Jahr 1437 stürzen sämtliche Gewölbe ein, die Gewölbereste werden abgetragen.

Erst gegen 1490 entschließt man sich zur Neueinwölbung; die Wölbetätigkeit dauert bis zum Jahre 1517 an, wobei nicht übersehen werden darf, daß diese Wölbetätigkeit einhergeht mit grundsätzlichem Umbau des Torhauses zum Glockenhause und mit jenen Verbesserungsarbeiten, die vornehmlich - hier ist besonders die Backsteinaufmauerung des Helmes gemeint - den Westturm betreffen.

Im Jahre 1604 wird eine Stundenglocke unter entsprechender Verdachung am südlichen Giebelmauerwerk des Westturmes angebracht. Dieser Stundenglocke wird im Jahre 1728 - unter gemeinsamer Neuverdachung - eine Viertelstundenglocke beigegeben. Im Jahre 1769 wird die einsturzgefährdete Chorostwand abgetragen und neuaufgemauert. Kurz vor 1800 versieht man den in Backstein aufgemauerten Turmhelm mit einer schiefergedeckten Holzummantelung. Im Jahre 1864 wird nach Beseitigung der Schiefer-Holz-Ummantelung das Backsteinmauerwerk des Turmhelmes abgetragen; eine schiefergedeckte Holzbalkenkonstruktion ersetzt ohne zeitlichen Verzug das vorerwähnte abgetragene Backsteinmauerwerk. Der Chorostgiebel muß im Jahre 1900 abgetragen und wiederaufgemauert werden. Im Jahre 1907 wird der nördliche Anbau, der dem Ostbereich des Langhauses und dem Westbereich des Chores angelehnt wird, errichtet, und die Turmhelmdeckung wechselt von Schiefer zu Kupfer. Im Jahre 1935 wechselt die Turmhelmdeckung wiederum, und zwar diesmal von Kupfer- zu Ziegeleindeckung. In jüngster Vergangenheit, d. h. in den Jahren zwischen 1978 und 1981, werden umfangreiche Wiederherstellungsmaßnahmen ergriffen, Maßnahmen, die u. a. in der Verbesserung fast sämtlicher Mauerverbände von Kirche und Glockenhaus wie auch in der Kupferneueindeckung von Westturmhelm und Eckturmhelmen gipfeln.

Westerstede, Am Markt

Westerstede, Am Markt

Westrum

Wangerland 3-Westrum

Kirche mit einschiffigem, flachgedeckten (Holzbalkendecke des ausgehenden 2. Drittels des 17. Jahrhunderts) **Langhaus** (Granit, aber Backsteinummantelung des beginnenden 2. Jahrzehnts des 20. Jahrhunderts; ziegelgedecktes Satteldach) **der Mitte des 13. Jahrhunderts mit ursprünglicher** runder (Ost-)**Apsis** (Granit, aber Backsteinummantelung wie Langhaus); ziegelgedecktes Kegeldach) und mit nach Norden verschobenem, aber an die Langhauswestseite angelehnten Glockenhaus (Backstein; ziegelgedecktes Satteldach) des ausgehenden 2. Drittels des 18. Jahrhunderts

Baugeschichte: Der Granitbau mit Apsis wird in der Zeit um 1250 errichtet; die erste urkundliche Erwähnung dieses wahrscheinlich im Dachstuhl offenen Granitbaues erfolgt im Jahre 1420.

Im Jahre 1665 wird von jener Bautätigkeit berichtet, in deren Zusammenhang die Einziehung der flachen Holzbalkendecke gesehen werden muß. Gegen 1760 wird das nach Norden verschobene Glockenhaus erbaut und der Langhauswestseite angefügt. Im Jahre 1912 wird das Granitmauerwerk von Langhaus und Apsis mit einer Backsteinummantelung versehen, und zwar ebenso aus Stabilisierungsgründen wie im Bestreben, ein einheitliches, von Backsteinarchitektur bestimmtes Gesamtbild zu erzielen. Während der Nachfolgezeit werden von Zeit zu Zeit unterschiedlich-umfangreiche Verbesserungs- und unterschiedlich-wirksame Wiederherstellungsmaßnahmen ergriffen.

Wangerland 3-Westrum

Wiarden

St. Cosmas und St. Damian

Wangerland 1-Wiarden, Ring

Kirche mit einschiffigem, flachgedeckten (Holzbalkendecke der beginnenden 2. Hälfte des 17. Jahrhunderts) **Langhaus** (Granit; Tuffsteinverbesserungen; Backsteinverbesserungen (besonders: Westgiebel); ziegelgedecktes Satteldach; Dachreiter (kupferverkleidet; und kupferverdacht (1962) Spitze) der beginnenden 2. Hälfte des 17. Jahrhunderts) **der Mitte des 12. Jahrhunderts mit leicht-ausgestelltem** (im Innenraum vornehmlich bemerkbar) **und polygonal-schließenden** (vier Seiten eines Zehnecks) **Chor** (Backstein; Stützpfeiler; ziegelgedecktes Satteldach mit Abwalmungen; eine Chorstufe) **des späten 15. Jahrhunderts, mit Triumphbogen** (d. i. ehemals: Langhausostseite (s. o.) der Mitte des 12. Jahrhunderts) **des späten 15. Jahrhunderts und mit freistehendem Glockenhaus** (Backstein; Stützmauerwerk an Nordseite; ziegelgedecktes Satteldach) **des ausgehenden 2. Drittels des 15. Jahrhunderts**

Baugeschichte: Der Vorgängerbau wird im Jahre 955 geweiht; er weicht dem heutigen, erstmals im Jahre 1164 erwähnten, wahrscheinlich im Dachstuhl offenen Granitbau, einem Langhaus mit runder (Ost-)Apsis. Für die folgenden 300 Jahre sind keine baulichen Ereignisse überliefert. Im Jahre 1464 wird berichtet, das freistehende Glockenhaus sei erbaut worden. Die überkommene Granit-Apsis wird gegen 1500 abgetragen, weil ein leicht-ausgestellter, polygonal-schließender und im Bodenniveau leicht-erhöhter Chor derartig angefügt wird, daß die Langhausostwand, deren Apsisöffnung nur geringfügig erweitert worden ist, zum Triumphbogen erhoben wird

Um 1660 werden jene Verbesserungen vorgenommen, die sich besonders auf die Dachzonen- hier gilt es, das Aufsetzen des Dachreiters zu erwähnen - und auf das Einziehen einer flachen Holzbalkendecke richten. Umfassende Erhaltungs- und Wiederherstellungsmaßnahmen werden in den Jahren 1947, 1962 und 1990/91 ergriffen.

Wangerland 1-Wiarden, Ring

Wiefels

Wangerland 1-Wiefels, Dorfstraße

Kirche mit einschiffigem, flachgedeckten (Holzbalkendecke der beginnenden 2. Hälfte des 17. Jahrhunderts) **Langhaus** (Reste von Granitmauerwerk; Backstein; ziegelgedecktes Satteldach) **des 13. Jahrhunderts, aber auch der Mitte des 15. Jahrhunderts** mit lediglich im Inneren ausgewiesenem Chor (eine Chorstufe), **mit ursprünglicher, gewölbter** (Nischengewölbe der Mitte des 15. Jahrhunderts) runder (Ost-)**Apsis** (Reste von Granitmauerwerk; Backstein; ziegelgedecktes Zeltdach) **und mit freistehendem Glockenhaus** (Backstein; ziegelgedecktes Satteldach) **der Mitte des 15. Jahrhunderts**

Baugeschichte: Wie Granitfundament, Kernmauerwerk und Grundrißführung erweisen, erfolgt die Errichtung eines Granitbaues mit runder (Ost-)Apsis im 13. Jahrhundert. Eine urkundliche Nachricht der Zeit um 1420 vermeldet, der vorgenannte Bau müsse als völlig-verfallen angesehen werden. Erst gegen 1450 beginnen die ausschließlich Backstein verwendenden Wiederherstellungsarbeiten: Die Wände werden verbessert und erhöht, um das Langhaus mit Kreuzrippengewölben nach oben schließen zu können, während die Apsis mit einem Nischengewölbe versehen wird. Zu ebenderselben Zeit, so darf angenommen werden, wird der integrierte Chorraum durch einstufige Bodenerhöhung gekennzeichnet und das freistehende Glockenhaus errichtet.

Im Jahre 1659 beginnt man, die eingestürzten - Kriegseinwirkung oder bei Durchbruch von Nord- und Südportal? - Langhausgewölbe - das Apsisgewölbe bleibt erhalten - abzutragen. Während eine nur wenig später eingezogene flache Holzbalkendecke die fehlende Gewölbezone ersetzt, verbessert man gleichzeitig das Mauerwerk des freistehenden Glockenhauses. Das soeben genannte Verbesserungsverfahren muß im Verlaufe des 18. Jahrhunderts wiederholt werden. In jüngster Vergangenheit, d. h. in den achtziger Jahren des 20. Jahrhunderts wird die einsturzgefährdete Langhauswestwand abgetragen und neuaufgemauert.

Wangerland 1-Wiefels, Dorfstraße

Wiefelstede

St. Johannes/St. Radegundis

Wiefelstede, Kirchstraße

Kirche mit einschiffigem, gewölbten (drei Joch: Domikalgewölbe der beginnenden 2. Hälfte des 13. Jahrhunderts) **Langhaus** (Granit; Backsteinverbesserungen; ziegelgedecktes Satteldach) **des beginnenden 13. Jahrhunderts, mit eingezogenem, gewölbten** (Kreuzgratgewölbe des späten 12. Jahrhunderts) **Chor** (Granit, Backstein-Wand-Verhöhung des 14. Jahrhunderts; Backsteinverbesserungen; Langhausdachverlängerung mit größerer Traufhöhe; zwei Chorstufen) **der beginnenden 2. Hälfte des 11. Jahrhunderts nebst ursprünglicher, gewölbter** (Nischengewölbe des späten 12. Jahrhunderts) runder (Ost-)**Apsis** (Granit; ziegelgedecktes Kegeldach: trotz vorgenannter Form: Ziegelwülste), **mit Westturm** (Granit; Backstein; Untergeschoß-Westseite: Granitverstärkung mit Backsteinverbesserungen (gibt u. U. ursprüngliche Westturm-Ausdehnung an); ziegelgedecktes Satteldach) **des 4. Viertels des 13. Jahrhunderts und mit freistehendem Glocken- und Torhaus** (Backstein; ziegelgedecktes Satteldach) **des späten 15. Jahrhunderts**

Baugeschichte: Im Jahre 1057 wird eine Granitkapelle mit runder (Ost-)Apsis als „erste Steinkirche des Ammerlandes" geweiht, nämlich jene Kapelle, deren Bauglieder bis heute erhalten geblieben sind: Während die Apsis ihre Funktion beibehalten soll, wird aus der Kapelle der zukünftige Chor werden. Um 1180/90 werden Kapelle und Apsis eingewölbt, und zwar die Kapelle mit Kreuzgratgewölbe, die Apsis mit Nischengewölbe. Gegen 1250 entschließt man sich zu einer Westerweiterung, indem man ein mit drei Domikalgewölben nach oben geschlossenes Langhaus der Kapelle ansetzt, nachdem zuvor die Kapellenwestwand geöffnet und der neuerrichteten Langhausostwand fast der Charakter eines Triumphbogens zuerkannt worden ist. Im unmittelbaren Anschluß an die vorgenannte Bautätigkeit beginnt die Errichtung des ungefähr im Jahre 1270 an die Langhauswestseite angesetzten Turmes. Im Verlaufe des 14. Jahrhunderts werden die Chorwände, d. h. die Wände der ehemaligen Kapelle - dabei wird die Apsis nicht verändert - mit Backsteinmauerwerk unter neuer Verdachung erhöht. In den Jahren kurz vor 1500 wird das freistehende Glocken- und Torhaus erbaut.

Im Jahre 1848 werden Westturm wie auch Glocken- und Torhaus grunderneuert. In der Folgezeit werden Erhaltungs-, Verbesserungs- und Wiederherstellungsarbeiten unterschiedlicher Natur bewältigt, und zwar in Jahren 1894, 1956/57, 1959, 1980 und 1982.

176

Wiefelstede, Kirchstraße

Wiefelstede, Kirchstraße

Wiefelstede, Kirchstraße

Wildeshausen

St. Alexander - Stiftskirche

Wildeshausen, Herrlichkeit

Im sog. gebundenem System gewölbte Basilika mit dreischiffi-gem Langhaus, d. h. mit gewölbtem (drei Joch: Domikalgewölbe des 2. Viertels des 13. Jahrhunderts) **Mittelschiff** (Feldstein-Granit-Fundament, Granit; Sandstein; Backstein; ziegelgedecktes Satteldach) **des beginnenden 2. Viertels des 12.** (Nordwand) **und des 2. Viertels des 13.** (Südwand) **Jahrhunderts, mit gewölbtem** (2 + 2 +2) sechs Domikalgewölben des 2. Viertels des 13. Jahrhunderts) **nördlichen Seitenschiff** (Feldstein-Granit-Fundament; Granit-sockel; Granit; Backstein; ziegelgedecktes Pultdach; drei Stufen über Mittelschiffsbodenniveau) **des beginnenden 4. Viertels des 12. Jahrhunderts und mit gewölbtem** (wie über nördlichem Seiten-schiff) **südlichen Seitenschiff** (wie nördliches Seitenschiff, aber: auf gleicher Höhe wie Mittelschiffsbodenniveau) **des beginnenden 4. Viertels des 12. und des 2. Viertels des 13. Jahrhunderts, mit Querhaus, d. h. mit gewölbter** (achtteilig-scheinendes Domikalge-wölbe des 5. Jahrzehnts des 13. Jahrhunderts) **Vierung** (Feldstein-Granit-Fundament; Granit; Backstein; Teile (8) von Mittelschiffs-, Chor- und Querhausdach; drei Stufen über Mittelschiffsboden-niveau) **des 2. Viertels des 13. Jahrhunderts, mit gewölbtem** (Do-mikalgewölbe des 5. Jahrzehnts des 13. Jahrhunderts) **nördlichen Querhausarm** (Feldstein-Granit-Fundament; Granit, Backstein; zie-gelgedecktes Satteldach; höhengleich mit Vierungsbodenniveau) **des beginnenden 4. Viertels des 12. und des 2. Viertels des 13. Jahr-hunderts, mit gewölbtem** (wie über nördlichem Querhausarm) **süd-lichen Querhausarm** (Granitsockel; Backstein; ziegelgedecktes Sat-teldach; größere Grundfläche als nördlicher Querhausarm; zwei Stu-fen tiefer als Vierungs- und eine Stufe tiefer als Seitenschiffsboden-niveau) **des 2. Viertels des 13. Jahrhunderts wie auch mit ge-wölbtem** (Domikalgewölbe des 5. Jahrzehnts des 13. Jahrhunderts) **gerade-schließenden Chor** (Feldstein-Granit-Fundament; Granit; Eisenstein; Backstein; Mittelschiffsdachverlängerung; fünf Stufen über Vierungsbodenniveau) **des 4. Viertels des 13. Jahrhunderts, mit Westfassade** (ursprünglich: Zweiturmfassade, heute: Einturm-fassade) **mit ursprünglich-gewölbtem** (Kreuzgratgewölbe) **Nordarm** (ehemaliges Untergeschoß des ursprünglichen Nordwestturmes; Granit; ziegelgedecktes Satteldach) **des beginnenden 4. Viertels des 12. Jahrhunderts, mit gewölbtem** (Domikalgewölbe des 2. Viertels des 13. Jahrhunderts) (Feldstein-Granit-Fundament; Granit; Backsteingiebel; ziegelgedecktes Satteldach) **des beginnenden 4. Viertels des 12. und des 2. Viertels des 13. Jahrhunderts, mit sog. Sächsischem Riegel** (= Verbindungsglied zwischen den Tür-

men und gleichzeitig zwischen Westfassade und Mittelschiff: Feldstein-Granit-Fundament; Granit; Sandstein; Backstein; Westansatz
des Mittelschiffsdaches) **des beginnenden 4. Viertels des 12. und
des beginnenden 2. Viertels des 13. Jahrhunderts und mit Westturm** (Feldstein-Granitfundament, Granitsockel; Granituterge-
schoß (zwischen Fassadennord- und -südarm eingefügtes Bauglied
mit Sandstein-Stufenportal (eingestellte Säulen mit Ast- und Blatt-
werkkapitellen) der Zeit um 1250) und Fensterrose (erneuert nach
Vorbild des 13. Jahrhunderts im Jahre 1909; Backsteinobergeschosse (Sandsteinskulptur; Granitecmauerwerk; plastische Bauglieder aus Sandstein) des 4. Viertels des 13. Jahrhunderts; ziegelgedecktes Turmdach mit Dachreiter (kupferverkleideter Tambour
unter kupfergedecktem Spitzhelm) des ausgehenden 2. Drittels des
16. Jahrhunderts (erneuert: 1. Jahrzehnt und 6. Jahrzehnt des 20.
Jahrhunderts) **des beginnenden 4. Viertels des 12. und des 1.
Viertels des 13. Jahrhunderts,** aber auch des ausgehenden 2. Drittels des 16. Jahrhunderts

**Baugeschichte: Der Vorgängerbau I von unbekannter Formge-
bung muß in den Jahren kurz vor 851 errichtet worden sein, da
er Bewahrort der von Rom überführten Gebeine des heiligen
Alexander ist. Diesen Vorgängerbau I ersetzt aber schon bald,
d. h. entweder nach Stiftsgründung (856) oder nach Errichtung
(872) des Chorherrenstifts der Vorgängerbau II, ein Bau, der jedoch in der Zeit um 1070 aus- oder umgebaut, möglicherweise
aber auch abgetragen und neuerbaut wird. Bei Aus- oder Umbau
müßte weiter vom Vorgängerbau II, bei Neubau indessen vom
Vorgängerbau III gehandelt werden. Aber gleichviel, ob die Anlage weiterhin als Vorgängerbau II oder nunmehr als Vorgängerbau III gesehen werden muß, sie weicht einer in den Jahren zwischen 1174 und 1184 errichteten Basilika mit dreischiffigem
Langhaus (flachgedecktes Mittelschiff; gewölbte Seitenschiffe),
flachgedeckter Vierung, flachgedeckte Querhausarme, flachgedecktem Chor, gewölbter Apsis, gewölbter Krypta und Doppelturmfassade (West) mit Sächsischem Riegel. Im Jahre 1214
stürzt der erste, im Jahre 1219 der zweite Turm der vorgenannten Fassade ein. Die Schadensbehebung, die die Doppelturmfassade zur Einturmfassade mindern wird, beginnt im Jahre 1224
mit jenen fundamentverstärkenden Arbeiten, die von der Errichtung eines in Fassadenmitte aufgemauerten und, über den
Sächsischen Riegel hinweg, auf das Mittelschiff übergreifenden
massiven Einzelturmes gefordert werden. Fast gleichzeitig werden die Seitenteile der ehemaligen Westfassade - es sind die Un-
tergeschosse der beiden eingestürzten Türme - zu turmflankie-
renden Armen erhoben, indem sie verdacht und mit Seitengie-
beln versehen werden. Die gegen 1230 beendeten Turmbau- und
Fassadenneugestaltungsarbeiten finden ihre Fortsetzung in je-**

nen umfangreichen Verbesserungsunternehmungen, die gekennzeichnet werden durch Abtragung und Neuaufmauerung der südlichen Seitenschiffswand, durch Bautätigkeit im Bereiche von südlichem Querhausarm und Chor, durch Abtragung der Apsis, durch Neueinwölbung (!) der beiden Seitenschiffe und durch Ersteinwölbung von Mittelschiff, Vierung, Querhausarmen und Chor. Außerdem wird - und dies geschieht in der Zeit um 1250, d. h. in der letzten Phase der vorbeschriebenen Bautätigkeit - das Westportal in Form eines Stufenportals mit eingestellten Säulen wie auch das Rosenfenster gestaltet. Weitere mittelalterliche Bautätigkeit ist, obgleich sie mehr als wahrscheinlich ist, nicht belegbar.

Im Jahre 1565 wird die Turmverdachung erneuert, und im Zuge dieser Erneuerung wird ihrer oberen Mitte der krönende Dachreiter aufgesetzt. In den Jahren zwischen 1637 und 1640 müssen beide Seitenschiffsdächer erneuert werden; bei dieser Gelegenheit wird das Dach des nördlichen Seitenschiffs zum Schleppdach des Mittelschiffsdaches umgeformt. Die Dacherneuerungsarbeiten sind noch nicht abgeschlossen, da wird auch schon mit Fenstervergrößerung und Einstellen neugotischen Maßwerks begonnen: Betroffen sind sechs der zehn Seitenschiffsfenster, alle Fensteröffnungen des südlichen Obergadens, die Querhausfenster - soweit sie ursprüngliche Dreiergruppen mit erhöhtem Mittelfenster bilden - und die Chorfenster. In der Zeit um 1700 werden unter dem nördlichen Querhausarm, dessen Räumlichkeit vom Gesamtraum getrennt wird, Grabkammern (letzte Bestattung 1754) angelegt. Im Jahre 1894 befindet sich das Gotteshaus in beklagenswertem Zustand. Wiewohl man bereits im Jahre 1895 einen umfassenden Restaurierungsplan, der indessen alsbald verworfen wird, aufstellt, beginnen die dringend erforderlichen Erhaltungs-, Verbesserungs- und Wiederherstellungsarbeiten erst im Jahre 1907; sie bewältigen u. a. die Entfernung des störenden, weil die Belichtung beeinträchtigenden Schleppdachs über dem nördlichen Seitenschiff mittels Neukonstruktion und Neuverdachung, die wünschenswerte Fenstervergrößerung des nördlichen Obergadens, die Neuaufmauerung des Chorgiebels, die Erneuerung (1909) des Rosenfensters der Westfassade, das Einsetzen farbiger Fensterverglasung, das Einstellen von neugotischem Maßwerk in die Fensteröffnungen des nördlichen Querhausarmes, die Erneuerung der Schallöffnungen im Backsteinmauerwerk des Westturmes und die Erneuerung (1910) des Dachreiters, der dem Westturmhelm entwächst. Im Jahre 1947 werden die im Laufe der Zeit entstandenen Schäden zunächst provisorisch behoben, dann aber, in den Jahren zwischen 1951 und 1965, setzt jene Bautätigkeit ein, die den Charakter einer ebenso umfassenden wie verbessernden Wiederherstellung trägt.

Wildeshausen, Herrlichkeit

Wildeshausen, Herrlichkeit

Wildeshausen, Herrlichkeit

Wüppels

Kirche mit einschiffigem, flachgedeckten (Holzbalkendecke der beginnenden 2. Hälfte des 17. Jahrhunderts) **Langhaus** (Granitfundament; Backstein; ziegelgedecktes Satteldach) **des 4. Viertels des 13. Jahrhunderts,** mit lediglich im Inneren (eine Chorstufe) ausgewiesenen Chor, **mit ursprünglicher und ursprünglich-gewölbter** (Nischengewölbe) runder (Ost-)**Apsis** (Granitfundament; Backstein; schiefergedecktes Zeltdach) und mit freistehendem Glockenhaus (Backstein; ziegelgedecktes Zeltdach) der beginnenden 2. Hälfte des 17. Jahrhunderts

Baugeschichte: In den Jahren kurz vor 1100 wird ein Vorgängerbau, dessen Fundamente erhalten bleiben sollen, errichtet. Diesen Vorgängerbau (Granit; Feldstein) ersetzt der bis in die unmittelbare Gegenwart erhalten gebliebene Backsteinbau, der in den Jahren um 1280/90 errichtet worden ist. Um 1300 wird der aus Langhaus und Apsis bestehenden kirchlichen Anlage ein erster freistehender Glockenturm oder aber ein erstes freistehendes Glockenhaus hinzugefügt. In den Jahren 1350 und 1404 wird die Kirche urkundlich erwähnt.

Im Jahre 1653 wird der Glockenturm beziehungsweise das Glockenhaus abgetragen und das heutige Glockenhaus errichtet; gleichzeitig wird das bislang wahrscheinlich im Dachstuhl offene Langhaus mit einer flachen Holzbalkendecke nach oben geschlossen. Um 1700 werden Verbesserungen vorgenommen; sie richten sich vornehmlich auf die nunmehr vergrößerten - Fensteröffnungen. Um die Mitte des 20. Jahrhunderts wird die Langhauswestwand abgetragen; sie wird in akkurater, aber wenig-zuträglicher Formgebung alsbald neuaufgemauert.

Wangerland 3-Wüppels

Zetel

St. Martin

Zetel, Kirchstraße

Kirche mit einschiffigem, flachgedeckten (Holzbalkendecke der 2. Hälfte des 17. Jahrhunderts mit Verbesserungen der beginnenden 2. Hälfte des 20. Jahrhunderts) und (heute) gerade-schließenden **Langhaus** (Granit; Backsteinverbesserungen; schiefergedecktes Satteldach; Dachreiter (hinter Westgiebel; schieferverkleideter Sockel; hölzerner Tambour, schiefergedeckter Spitzhelm) der Mitte des 19. Jahrhunderts, aber: erneuert zu Beginn der 2. Hälfte des 20. Jahrhunderts) **der Mitte des 13. Jahrhunderts** mit lediglich im Inneren ausgewiesenen (drei Chorstufen) Chor, **mit Fundamentresten** (Granit) **der ursprünglichen,** runden (Ost-)**Apsis und mit freistehendem turmartigen Glockenhaus** (Backstein; ziegelgedecktes Satteldach) **der 2. Hälfte des 14. Jahrhunderts,** aber auch der 2. Hälfte des 17. Jahrhunderts

Baugeschichte: Ein in den Jahren zwischen 900 und 950 errichteter Vorgängerbau, eine vermutlich hölzerne Kapelle auf Feldsteinfundament, ist durch Grabung (sichtbarer Befund: unter Chor) hinlänglich gesichert. Dieser Vorgängerbau weicht in der Zeit um 1250 einem Granitbau, der aus einem bereits ursprünglich-gewölbten (drei Joch: Domikalgewölbe) Langhaus und runder, möglicherweise ebenfalls ursprünglich-gewölbter (Nischengewölbe) (Ost-)Apsis besteht. Zwischen 1350 und 1400 müssen Gewölbe und Apsis abgetragen - Einsturzgefahr ? - werden. Weder Gewölbe noch Apsis werden ersetzt. Zu derselben Zeit wird das turmartige Glockenhaus erbaut.

In der 2. Hälfte des 17. Jahrhunderts werden die Mauerverbände des vorgenannten turmähnlichen Glockenhauses, und zwar vornehmlich jene des Obergeschosses, erneuert. Im 18. Jahrhundert werden Verbesserungen vorgenommen; sie richten sich besonders auf die Fensteröffnungen. Um 1850 wird ein neuer Dachreiter - anstelle eines überkommenen ? - aufgesetzt. Zwischen 1860 und 1900 werden umfangreiche Verbesserungsarbeiten durchgeführt. Die jüngste Vergangenheit ergreift verschiedene Wiederherstellungsmaßnahmen, d. h. 1950/51 wird u. a. die flache Holzbalkendecke einer Erneuerung unterzogen. Im Jahre 1985 wird das Glockenhausmauerwerk stabilisiert; gleichzeitig-einsetzende Verbesserungsarbeiten nehmen sich besonders der Fensteröffnungen an.

Zetel, Kirchstraße

Literaturauswahl

Warnecke, Edgar F., Alte Kirchen und Klöster im Lande zwischen Weser und Ems, Oldenburg 1990 - **Blumenberg,** Adolf, Elsfleth. Stadt und Hafen an der Weser, Oldenburg 1989 - **Janßen,** Wilhelm, Burg und Schloß Varel. Die baugeschichtliche Entwicklung von der Wehrkirchenanlage zur reichsgräflichen Residenz, Oldenburg 1989 - **Hesse**, Anette, Das Saterland. Streifzug durch die Geschichte des Saterlandes, Saterland 1988 - (Gerhard **Fröhlich),** 1200 Jahre Blexen: 789-1989. St. Willehad, Kirche und Dorf, Oldenburg 1988 - St. Laurentius Langförden. Kleiner Führer durch unser Gotteshaus, herausgegeben vom **kath. Pfarramt, Vechta** 1987 - **Coldewey,** H., **Murken**, Th. u. a., Wilhelmshavener Heimatlexikon, 3 Bde., Wilhelmshaven 1986/87 - **Janßen,** Wilhelm, Die Schloßkirche Varel und ihre Baugeschichte, Oldenburg 1986 - **Runge,** Wolfgang, Kirchen im Oldenburger Land, Bd. II, Kirchenkreis Ammerland, Oldenburg 1985 - Wolfgang **Duwe**, 925 Jahre St. Ulrichskirche, in: Rasteder Festschrift, Rastede 1984 - **Hampel**, Harro, Wissenwertes über St. Lamberti in Eckwarden, o. O., o. J., vor 1984 - **Aukschun**, Hans Reinhard, Die Schloßkirche in Varel und ihre Münstermann-Werke, Varel 1983 - **Müller,** Günter, Die alten Kirchen und Glockentürme des Oldenburger Landes, Oldenburg 1983 - **Runge,** Wolfgang, Kirchen im Oldenburger Land, Bd. I, Kirchenkreise Butjadingen, Brake, Elsfleth, mit Anmerkungen zu Ludwig Münstermann, Oldenburg 1983 - **Reinhardt,** Waldemar und **Roediger,** Hans Gerd, Friesische Kirchen: Rüstringen, Friesische Wehde, Butjadingen, Stedingen und Stadt Wilhelmshaven, Jever 1982 - **Popken**, Helmut, Skizzen aus Varels Vergangenheit: 1124-1919, Varel 1981 - **Lüpke**, Gerd und **Hinck**, Willy, Varel. Stadt zwischen Wald und Meer, Varel 1981 - **Richter,** Jörg u. a., St. Aegidius (zu) Berne, Berne 1981 - Oldenburg. Kunst in der Stadt, herausgegeben von Peter **Springer**, Oldenburg 1981 - **van Wüllen**, M.E. und **Simon,** Leo, St. Victor (zu) Altenoythe, Friesoythe o. J. aber nach 1980 - **Janßen,** Wilhelm, Bauten in Varel aus acht Jahrhunderten, Oldenburg 1980 - **Marschallek,** Karl Heinz, Der mittelalterliche Holzkirchenbau im friesischen Küstenraum, Aurich 1980 - Baudenkmäler im Oldenburger Land. Führer zu Boden-, Bau- und Siedlungsdenkmälern, bearbeitet von Horst **Neidhardt,** Oldenburg 1980 - **Poppe**, Heinrich und **Wichmann**, Horst, Neues Dötlinger Dorfbuch, Oldenburg 1979 - **Driver**, Friedrich Matthias, Beschreibung und Geschichte der vormaligen Grafschaft nun des Amtes Vechta im Niederstift Münster, Nachdruck der Originalausgabe von 1803, Leer 1979 - (ohne Verfasserangabe) Hude (Oldb), o. O. 1978 - **Grundmann**, Hans, **Günzel,** Egon u. a., Ganderkesee, Delmenhorst o. J., um 1978 - **Steecker, E.,** St. Bartholomäus zu Tossens, o. O. 1978 - **Prochnow,** Hans Joachim und **Klimek,** Lothar, Die St. Alexanderkirche zu Wildeshausen, München-Berlin 1977 - (ohne Verfasserangabe) Schortens, o. O. 1977 - **Dehio**, Georg, Handbuch der Deutschen Kunstdenkmäler, Bremen-Niedersachsen, bearbeitet von **G. Kiesow, H. Chr. Hoffmann, R. Poppe, H. Reuther, H. Wulf u. a.,** Darmstadt 1977 - (ohne Verfasserangabe) Großenkneten, o. O. 1976 - **Voigts,** Wilfried, Die erneuerte St. Nikolaikirche zu Edewecht, in: Gemeindekirchenbrief 1/1976 - **Gilly,** Wilhelm und **Herda**, Wolfgang, Oldenburg, Frankfurt a. M. 1974 (ohne Verfasserangabe) 850 Jahre Bad Zwischenahner Festprogramm, Zwischenahn 1974 - **Wietek**,

Gerhard, Oldenburger Land, München-Berlin 1974 - **Winkler**, Friedrich. Chronik der Gemeinde Edewecht, Edewecht 1974 - Langförden: Festschrift herausgegeben von Herbert **Farwick,** Vechta 1974 - Beiträge zur Geschichte der Stadt Vechta, Bd. 1, herausgegeben von Wilhelm **Hanisch** und Franz **Hellbernd**, Vechta 1974 - **Zoller,** Dieter, Vor- und Frühgeschichte, d. i. Einleitungskapitel der Chronik der Stadt Westerstede von Hermann Ries, Westerstede 1973 - **Korte,** Wilhelm, Wiefelstede (Festschrift), Wiefelstede 1973 - **Spandau,** Jürgen, Die St. Petrikirche zu Westerstede, in: Festschrift 1123-1973, Westerstede 1973 - **Korte,** Wilhelm, Berne (Festschrift, o. O., o. J., um 1971 - (ohne Verfasserangabe) 700 Jahre Wildeshausen, Wildeshausen 1970 - **Marschallek,** Karl Heinz, Grabungsbefund Blexen, in: Neue Ausgrabungen und Forschungen in Niedersachsen Bd. 5, Hildesheim 1970 - **Schwens,** Christa, Die Alexanderkirche in Wildeshausen und ihre Baugeschichte, Oldenburg 1969 - Oldenburg. Von der Residenz zur Großstadt, bearbeitet von Wilhelm **Purnhagen,** Oldenburg 1969 - **Heye,** R.G.H., Geschichte der Gemeinde Rodenkirchen, o. o. 1966 - **Meyer,** Georg, Die St. Johanniskirche (zu Zwischenahn), o. O. 1966 - **Zoller,** Dieter, Die Ergebnisse der Grabung in der Kirche zu Großenkneten, in: Oldenburger Jahrbuch Bd. 60 (1961) - (ohne Verfasserangabe) 1000 Jahre Ganderkesee 860-1960 (Festschrift), Delmenhorst 1960 - Heppens (recte: liebes altes H.), zusammengestellt von Karl **Welge**, Wilhelmshaven 1960 - **Detering,** H. und **Trensky**, P., St. Aegidius zu Berne, Oldenburg 1960 - **Binder,** Fr., 800 Jahre Edewecht (Festschrift), o. O. 1957 - **Fleischmann,** A. und **von Seggern,** Hans, Alte Ammerländer Dorfkirchen, Westerstede 1957 - (ohne Verfasserangabe) 800 Jahre Kirche Schortens 1153-1953, Jever 1953 - **Strahlmann,** Fritz, Wittekinds Heimat. Die alte Stadt Wildeshausen und ihre Umgebung. Geschichtliche Streifzüge und Wanderungen, Oldenburg 1952 - **Krüger,** E., Zwischen Weser und Jade, Oldenburg 1945 - Oldenburg. Gauhauptstadt im Gau Weser-Ems, herausgegeben von der Stadt Oldenburg, Oldenburg 1943 - (Victor **Schwarz**) Oldenburg. Führer durch Stadt und Umgebung, Oldenburg (1937) - **Sello,** Georg, Östringen und Rüstringen. Studien zur Geschichte von Land und Volk, Oldenburg 1928 - Die Landeshauptstadt Oldenburg, bearbeitet von Th. **Goerlitz,** Oldenburg 1927 - **Ramsauer,** D., Chronik von Landwürden, Bremerhaven 1925 - **Wöbken,** Karl, Wanderfahrten durchs Friesenland, Wilhelmshaven 1919 - **Kohl, Rauchheld** und **Tenge,** Die Bau- und Kunstdenkmäler des Herzogtums Oldenburg, Heft V: Die Ämter Brake, Butjadingen, Varel, Jever und Rüstringen, Oldenburg 1909 - **dasselbe,** Heft IV: Die Ämter Oldenburg, Delmenhorst, Elsfleth und Westerstede, Oldenburg 1907 - **Buchholtz, Oncken, Rauchheld** und **Tenge, dasselbe,** Heft III: Amt Cloppenburg und Amt Friesoythe, Oldenburg 1903 - **Lübben,** G., Geschichte der Gemeinde Neuenhuntorf, o. O. 1903 - **Buchholtz, Oncken** und **Tenge,** Die Bau- und Kunstdenkmäler des Herzogtums Oldenburg, Heft II: Amt Vechta, Oldenburg 1900 - **dieselben,** dasselbe, aber Heft I: Wildeshausen, Oldenburg 1896 - **Eschen,** E., Beiträge zur Geschichte der Kirche und Gemeinde zu Strückhausen, Oldenburg 1884 - **Meiners,** Edo, Die Kirchen des Stad- und Butjadinger Landes, Bremen 1870 - **Janson,** G. H., Historische Nachrichten von Golzwarden, o. O. 1756 - **Probst,** Johann G., Nachricht von der Strückhauser Gemeinde und Kirche, o. O. o. J., um 1750